轻加盟

Simple Franchise

先锋践行者的实例分享

郭东卫 ◎ 著

中华工商联合出版社

图书在版编目（CIP）数据

轻加盟 / 郭东卫著 . -- 北京：中华工商联合出版社，2024. 10. -- ISBN 978-7-5158-4115-1

Ⅰ．F272

中国国家版本馆 CIP 数据核字第 2024TZ2421 号

轻加盟

| 作　　　者：郭东卫 |
| 出 品 人：刘　刚 |
| 图 书 策 划：蓝色畅想 |
| 责 任 编 辑：吴建新　林立 |
| 装 帧 设 计：胡椒书衣 |
| 责 任 审 读：付德华 |
| 责 任 印 制：陈德松 |
| 出 版 发 行：中华工商联合出版社有限责任公司 |
| 印　　　刷：三河市九洲财鑫印刷有限公司 |
| 版　　　次：2024年10月第1版 |
| 印　　　次：2024年10月第1次印刷 |
| 开　　　本：710mm×1000mm　1/16 |
| 字　　　数：180千字 |
| 印　　　张：13.5 |
| 书　　　号：ISBN 978-7-5158-4115-1 |
| 定　　　价：56.00元 |

服务热线： 010-58301130-0（前台）

销售热线： 010-58302977（网店部）
　　　　　　010-58302166（门店部）
　　　　　　010-58302837（馆配部、新媒体部）
　　　　　　010-58302813（团购部）

地址邮编： 北京市西城区西环广场A座
　　　　　　19-20层，100044
　　　　　　http://www.chgscbs.cn

投稿热线： 010-58302907（总编室）

投稿邮箱： 1621239583@qq.com

工商联版图书

版权所有　盗版必究

凡本社图书出现印装质量问题，请与印务部联系。

联系电话： 010-58302915

前　言

　　现如今，消费者自主意识逐渐觉醒，随着大众经济数值的不断增长，市场环境整体向好，很多有了一定积蓄的企业员工对收入的提高和个人事业的发展也有了更高的追求，所以选择经营"个人买卖"。自己做生意，具体收入主要由个人行动决定，很多人便徘徊在创业的门口，而加盟一个成功的连锁店，无疑是一种低风险、高成功率的选择。

　　近些年，市场发生变化，环境发生变化，连锁和加盟方式开始多种多样，标准化复制之外的加盟方式也开始受到重视。创业者增加，经济环境变化，让经营压力成为创业者考虑的重要因素，轻加盟应运而生。

　　受当今的市场环境、经济现状等影响，很多企业都在探索加盟的不同模式，轻加盟是重要的模式之一。选择轻加盟成为很多投资者、创业者的尝试手段，现如今有很多人迫切地想要更加深入地了解轻加盟的相关信息。本书采用理论与云仓酒庄案例结合的方式，更加详细、清晰地介绍轻加盟模式，旨在让更多人掌握轻加盟的内容。

　　第一，轻加盟可以拆分为"轻"与"加盟"两个部分，"加盟"的含义比较常见，易于理解，而"轻"就是读者了解轻加盟之时最先需要理解的部分，"轻"主要表现在轻投资、轻管理、轻品牌和轻成本四个方面。

第二，轻加盟的一大特色就是店铺规模可以小，但在追求"小"的同时也要认可"大"的存在，小店的投资风险低，而大店在自我经营时也可以扶持小店。

第三，在诸多企业重视正品的潮流之中，轻加盟则是以"不伦不类"的身份立足市场，在宣传正品的同时积极接受"搭售"的角色，只要能够将产品销售出去，专卖途径完全可以转变为多元化渠道。

第四，加盟区别于连锁，不需要所有的铺面都按照统一的标准经营，而轻加盟更是鼓励多样化的经营风格，参与加盟的经销商可以选择复制已有的经营模式，也可以按照个人想法进行安排与设计。

第五，轻加盟在多个方面都追求轻，重的任务则留在服务上，加盟者只需要负责销售，后台的服务都由总部负责，包括囤货、宣传、培训等。

第六，轻加盟在贯彻轻品牌的同时，并不是不做品牌，而是做小品牌，通过统一品牌、统一宣传等方式减少品牌建设的成本，将节省的利润用来做服务。

第七，轻加盟的做法足够吸引诸多的经销商，总部并不会对加盟者有太多的规定与安排，在产品价格统一、行为不超出限度的情况下，会放任加盟经销商展现个性。

第八，轻加盟模式虽然具有很高的热度，引起了不少人的注意，但是也面临着重重难关，只有将摆在面前的问题都逐个解决，轻加盟才能迎来成功。

第九，轻加盟是一种新颖的理念，是新零售行业发展的一大推力，同时，轻加盟模式是站在消费者立场的一种经营尝试，而消费者的认可才是基业长青的关键。

上述九点内容是本书对轻加盟的重点介绍，在未来，轻加盟模式的热度必然会持续上升，相关的理论与实践操作也会被逐步完善，希望本书能够为读者提供可用的初期指导。

目 录

第一章 从"重"到"轻"

第一节 重投资、重管理、重品牌 // 3

第二节 轻投资降低风险 // 7

第三节 轻管理吸引经销商 // 10

第四节 轻品牌减少宣传投入 // 13

第五节 轻成本创造高复购 // 16

第二章 由"困"转"安"

第一节 困"兽"之争 // 21

第二节 小投资,轻负担 // 27

第三节 以大扶小 // 32

第四节 流程化服务 // 36

第五节 前台越简单,后台越复杂 // 40

第三章　可专卖，能搭售

　　第一节　既是正品，也是赠品 // 45

　　第二节　强化多销，弱化利润 // 56

　　第三节　提高价值，降低价格 // 63

第四章　拒绝绝对标准，避免千篇一律

　　第一节　可复制，但不是非复制不可 // 69

　　第二节　适合的，才是最好的 // 77

　　第三节　既是经营者，也是培训者 // 83

　　第四节　向有结果的案例学习 // 90

第五章　服务成为轻加盟的主攻方向

　　第一节　管理是轻，服务是重 // 97

　　第二节　选择轻，还要关注重 // 105

　　第三节　样板培训，让市场唤醒市场 // 112

　　第四节　价值观的文化力 // 117

第六章　建设品牌是为了背书

　　第一节　有品牌，才能加盟 // 123

　　第二节　小品牌，成就大事业 // 131

　　第三节　统一品牌，统一宣传 // 136

　　第四节　前端轻，后台重 // 141

第七章　不设指标，尝试放任式销售

第一节　价格一致，加盟商自由 // 147

第二节　界定赚钱尺度，保证有人干活 // 153

第三节　放任 ≠ 顺其自然 // 159

第八章　困难重重，逐个攻破

第一节　合作松散，导致管控力不足 // 165

第二节　投资少，经销商不上心 // 169

第三节　非标准存活率低，且易转型 // 173

第四节　店铺规模分层，缺乏标准 // 177

第九章　轻加盟，未来王者

第一节　轻加盟的践行者 // 183

第二节　轻加盟推动新零售 // 196

第三节　基业长青实践者 // 200

后　记

第一章 从"重"到"轻"

低投资、高收入是众多投资者最希望看到的景象，轻加盟模式支持轻投资、轻管理、轻品牌和轻成本，并且可以最大限度地收获利润、降低风险，无疑是诸多投资者偏好的经营模式，而了解"重"到"轻"的转变至关重要。

第一节　重投资、重管理、重品牌

　　轻加盟是一种很新颖的理念，在这之前我们需要了解传统的加盟模式，而重加盟便是常规认知内的加盟模式。传统加盟模式的"重"主要表现在投资、管理与品牌等方面，要求企业投入较高成本、付出较多努力，同时也具有较高的风险，这使得诸多加盟者望而却步（如图1-1所示）。

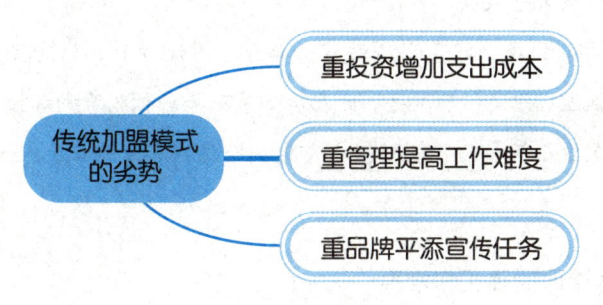

图 1-1　传统加盟模式的三个劣势

一、重投资增加支出成本

　　重投资加盟是一种大量地投入资金来运营的方式。在市场内，重投资的行业有很多，比如钢铁、建筑、机械制造等重工业，加盟这些行业不得不投入大量的资金，但同时可以加盟的人数也会受限制。比起加盟难度较高的重工业，投资加入餐饮、医美等轻资产行业明显更加容易，需要的投资金额也更低。说是轻资产行业，但是尝试起来会发现仍然需要一笔不小的资金投入，对加盟者来说无疑是很高的成本支出。有高额支出就伴随着相应的高风险，这也使得不少投资者在打算加盟时或在加盟的过程中犹豫不决。

【案例】

张先生在步入职场10年后，通过不断地努力与奋斗终于有了一笔积蓄，由于一直就职于民营企业，张先生害怕因为年龄的增长而被企业淘汰，所以想要尝试加盟店铺来稳定收入。张先生经过一段时间的了解，发现美容院的收入不菲，于是选择用自己的积蓄在老家开一家美容场所。与此同时，筹建美容场所需要的支出不少，使得张先生几乎变得"一贫如洗"。在加盟初期，他面临着没有工作、没有收入的困境，过了半年的贫苦日子。时至今日，张先生虽然已经小有成就，但是回想过去，他表示如果有一种低投资的加盟方式，自己一定会采用，这样能够减少支出从而规避那段苦日子。

二、重管理提高工作难度

重管理，是一种畸形的加法概念。很多企业经营者过于重视管理，运用复杂的管理政策、管理手段维持企业运营，不仅使得自身工作量增加，也徒增了员工的工作难度。很多企业认为加盟者是一位合作者，应该为了企业发展和个人盈利付出足够的心血，理所当然地认为加强管理很重要。我们知道，管理固然重要，但是也应该衡量尺度，加盟者是企业的合作伙伴，既然是合作，企业就应该给予对方自由的空间，总部的作用是助力加盟者运营，而不是增加加盟者的工作负担。

【案例】

　　某饰品企业的产品很时尚，受到当下不少年轻人的喜欢，王女士认为加盟该企业是一个不错的机会，于是和企业经营者经过协商后着手加盟工作。在店铺成立初期，企业总部一直对王女士的诸多工作安排有所管理，王女士觉得企业很负责，这样周到的管理能够帮助自己快速掌握经营技巧。一年后，王女士已经完全掌握了加盟店的运营模式，但是企业总部管理的事务不减反增。由于总部所在地区与王女士加盟店所在地经济环境不同，两者之间难免产生分歧，而总部的过度管理给王女士造成了很大的困扰。随着时间的推移，王女士越发觉得自己经营店铺很是束手束脚，所以对总部颇有微词，工作的积极性持续下降，慢慢地就放弃了继续加盟，这也使得该饰品企业失去了一个颇有潜力的合作者。

三、重品牌平添宣传任务

　　品牌策略成为近些年诸多企业增加竞争实力的必选方案之一，对于很多投资者而言，如果能够加盟一个高知名度的品牌，就仿佛已经离高利润不远了。为了使自己的加盟有意义，很多投资者都很重视品牌，那么重品牌就一定正确吗？答案是否定的，过度的重视品牌反而会平白增加宣传任务，付出大量人力、财力后不一定能够达到预想的效果。建设品牌可以为企业创造更多的商机、吸引更多的消费者，但是过度经营品牌、过度宣传品牌，则会有损品牌形象，使消费者对品牌产生怀疑。

【案例】

某美妆品牌在近两年"横空出世",凭借着独具美感的外观、优惠的价格和不错的质量收获了一众消费者的认可,同时也有不少投资者选择加盟。在这两年里,该品牌一直在大力宣传,在直播间、电视、街边海报等很多地方都可以看到该品牌的身影,而这些宣传活动都离不开加盟者的付出。随着宣传力度的增加、宣传范围的扩大,该品牌吸引更多消费者的同时也出现了不同的声音——好的产品不需要过度宣传。显然,大肆宣传并没有达到预想的效果,如此大张旗鼓的行为,只会徒增加盟者的宣传任务,也间接消耗了他们经营店铺的精力。

第二节　轻投资降低风险

轻加盟的第一个特点是轻投资，也就是低投资，投入的资金越少，承担的风险越低，所以轻投资是诸多加盟者的首选。轻投资主要针对的是加盟者，是指选择加盟的经销商可以投入较少的资金成为加盟伙伴，不需要因为高额的资金投入而"提心吊胆"，这能够有效降低投资的风险。

【案例】

某店主的店铺经营的主业是烧烤类餐饮、酒水等生意，该店铺坐落于南方地区。但店铺的生意只能维持基本的经营，店铺处于存活的临界点，能够维持店主生计但是无法获得较高利润。这主要是因为南方地区天气偏热，大部分时间的环境温度都较高，很多顾客虽然很喜欢该店铺的饮食风格，但是为了躲避炭火的高温灼烤，只能纷纷远观而并不去消费。

面对店铺利润无法提升的情况，店主一直有一种拿得起放不下的心态，他认为自己的店铺一定可以进入良好的发展状态，只是缺少适当的方式与契机。在一次聚会时，店主向朋友吐露了自己的苦楚，席间一位朋友忽然想起来自己在某次出差时看到的店中店营业模式，于是提议店主可以进行尝试。

> 结合店铺的地理位置与营业方向，店主在多方了解后看中了云仓酒庄的轻加盟模式，他在自己的店内开设啤酒屋，顾客进店后可以选择品尝食品，也可以单纯地饮酒。在炎热异常的时节，冰镇啤酒成为众多消费者的心头好，店铺还可以为其提供舒适的饮酒环境，这样的营业模式促进了店铺的快速发展。在不影响原有业务的同时，店主开设店中店，顾客用餐时店铺是餐食店，顾客饮酒时店铺就是啤酒屋，两项业务不但不会产生冲突，反而相辅相成，顾客可以在用餐感到炎热时来品一番啤酒，也可以在饮酒过程中搭配一点餐食。

类似于案例中的店中店在云仓酒庄的轻加盟模式下有很多，这些店铺的经营者不需要投入很多的资金，只需要与企业达成加盟合作关系，就可以成为产品的销售者。轻投资的显著优点就是低风险，除此之外，轻投资还包含其他方面的优势，比如获得更高的收益、进行更好的资产分配和获得更长期的回报（如图1-2所示）。

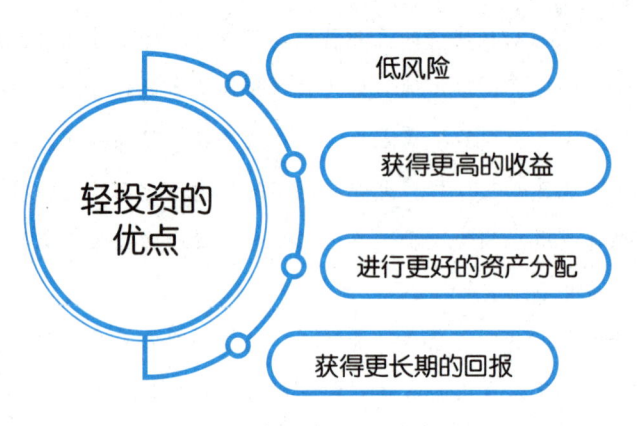

图1-2 轻投资的四个优点

首先，获得更高的收益。低投资通常出现在发展势头良好的行业或者企业中，这些行业与企业的投资回报率较高，很大概率可以帮助加盟者实现低投资、高收益的目标。

其次，进行更好的资产分配。低投资就预示着加盟者能够留存更多的资金在自己手中，这些资金可以用来更好地经营生意，加盟者也可以将留存资金分配到更多的投资领域，使得资金利润最大化。

最后，获得更长期的回报。低投资往往是一个循序渐进的过程，适合长期发展并运营的项目，所以更容易获得长期的回报。长期获得利润回报，可以帮助加盟者实现资金流转，进而提高资金回报率。

第三节　轻管理吸引经销商

轻加盟的第二个特点是轻管理，主要针对的是企业总部对加盟者的管理态度，要求企业不过多干预加盟经销商的想法。加盟者并不是企业的员工，而是企业的合作者，对于自己的合作伙伴，尊重与帮助是最基本的要求。没有"上司"的过度管理，加盟者在经营生意的时候会减轻不少压力，能够按照自己的规划做事，这种有助力却没有要求的加盟模式足以吸引众多的经销商。

【案例】

某地在最近一段时间出现了一家客流量很大的面包店，不少消费者都以为这是一家新开的店铺，待有人询问过后才发现该店铺已经开业很长一段时间了，之所以最近顾客数量明显增长，是因为该店铺尝试了一种较为新颖的店中店模式。

不同于经营多项业务的店中店模式，该面包店以加盟者的身份与云仓酒庄进行合作后，却没有销售酒庄的产品，而是将红酒作为面包的赠品，让其成为吸引客户的有效手段。由于产品只是作为赠品出现在面包店，所以云仓总部并不需要做出太多的管理，店铺自行发展即可，只是提醒店铺注意履行相关手续，做好备案登记，同

> 时也允许店铺根据自身意愿决定在后期是否将红酒作为销售产品。
>
> 　　随着越来越多消费者对红酒认可度的提高，面包店店主意识到是时候将红酒作为一个独立的销售商品了。在这个过程中，云仓酒庄没有发表任何意见，其与面包店合作时完全遵从对方的意见，不会要求对方投资，如果面包店自己有销售产品的意向，酒庄也允许对方做自己的生意。

不论是作为赠品还是作为商品，面包店都需要从云仓酒庄进购不少红酒，后面将赠品转化为商品，面包店也不需要增加投资，同时还可以获得额外的收益。可以看得出来，云仓酒庄在其中并没有进行太多的管理，完全是通过企业轻加盟模式的独特魅力吸引面包店进行深入合作与加盟的。

轻管理不是不管理，而是适度管理，于企业总部而言，自己的作用就是帮助加盟者做好后台服务，所以管理也只是停留在助力运营之上，不会过多干预加盟者日常的工作活动。轻管理模式对加盟者与企业总部来说都是一个最优解，一方面降低了加盟者的工作难度，另一方面也简化了企业总部的工作任务（如图1-3所示）。

简化企业总部的工作任务 ← 轻管理的优点 → 降低加盟者的工作难度

图1-3　轻管理的两个优点

从投资者的角度来看，一旦选择了加盟，最希望的就是快速入手，轻管理的模式更加友好，使得加盟的门槛与难度降低，投资者不再需要一边忧心经营问题，一边应对管理限制。通过轻加盟的方式，投资者可以花费较少的成本，在较短的时间内适应经营模式，能够较为轻松地取得一定的成果。

从企业总部的角度来看，选择加盟的投资者有很多，如果每增加一个加盟店，都要去考虑加盟店的存活问题，将浪费大量精力。加盟者独立运作门店是希望赚钱的，总部如果强化管理，进行标准化监督和管控，无疑是一件费时费力的工作，而且如果管理不当，不仅不能提高加盟者的工作效率，还会引起对方的反感，从而影响双方的合作成效。比起费力不讨好，让加盟者自己决策、自己经营则是更好的处理方式，企业总部只需要为加盟者提供足够的产品与必要的指导即可。

第四节　轻品牌减少宣传投入

轻品牌是轻加盟的第三个特点，加盟需要有媒介与载体，而品牌就具有这样的作用，没有品牌就无法加盟，但是过度重视品牌反而会让加盟者搞错工作的重心。投资者选择加盟企业是为了通过资金投入来增加收入，如果浪费过多的财力与精力在品牌宣传之上，则会增加投资的成本。这些成本的输出主要来源于三个方面，分别为总部的利益分成、加盟者的净收入和消费者的费用支出。轻加盟强调统一品牌进行宣传，将品牌建设与宣传的工作尽可能缩减，所有的加盟者要共同参与统一的品牌宣传，将成本平摊到每一个人头上就会减少资金压力。

【案例】

雷盛是云仓酒庄的红酒系列品牌，云仓酒庄的红酒营销面向9个国家，包含130多种产品，可以满足多数消费者的选择需求。

最初，云仓酒庄为了满足大众不同层次的需求，设置了多种品类、多种价位的产品，为了提高这些红酒产品的知名度，酒庄必须采取实质性的行动，围绕产品建设品牌迫在眉睫。

面对不同种类、不同价位的红酒产品，如果细分设置多个品牌，不仅无法统一消费者对酒庄产品的印象，还会消耗酒庄大量的资金，

> 使品牌宣传成为一件格外艰难的事情。云仓酒庄选择采用轻品牌理念，对红酒产品采用编号式分级，将经营的所有红酒都归为一个品牌，采用统一的宣传策略，所有的加盟店也只使用一个品牌宣传广告。

传统品牌重视资金投入、宣传力度和扩展渠道，经常使用大众媒体宣传品牌，旨在让更多的消费者加深对品牌的印象。轻品牌不同于传统的品牌建设，更加注重消费者的体验与反馈，重视品牌与消费者的情感互动与信息沟通，目的是建设以消费者为中心的品牌体系。轻品牌的"轻"是轻描淡写的"轻"，通过"轻微"的品牌建设与宣传，让消费者知晓品牌，再利用服务与质量稳固客源。

轻品牌的宣传方式，具有十分明显的优势，包括资源投入少、客户定位准和受众感受深（如图1-4所示）。

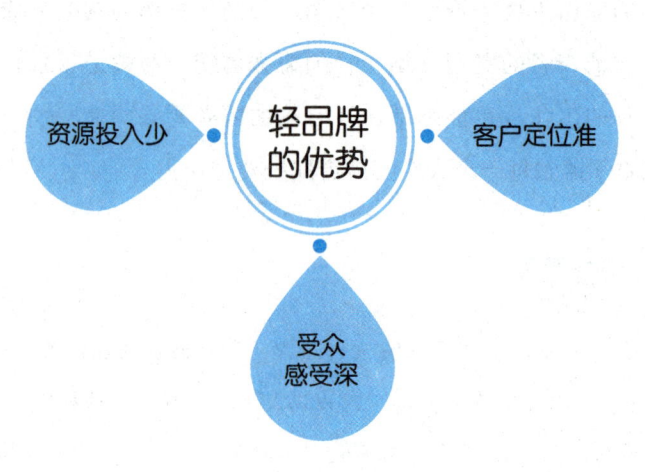

图1-4 轻品牌的三个优势

第一，资源投入少。在宣传媒介与宣传渠道多样化的今天，品牌可以制订各种各样的宣传方案，轻品牌的理念则是在宣传资源上低投入。

因为不要求收获太高的知名度，轻加盟宣传品牌的目的是方便经销商做生意，所以可以节省宣传的资源。

第二，客户定位准。轻品牌的原则是定向吸引客户，加盟经销商会对部分客户进行情绪价值引导，而不是广撒网地寻求客户。"酒香不怕巷子深"，但产品也要符合客户需求。

第三，受众感受深。轻品牌不会让品牌在受众群体的心目中留下固有形象，品牌的观点由客户内心需求决定，消费者认为品牌是什么就是什么。"我想买什么，就卖给我什么"，这是所有消费者最高的要求，而轻品牌的理念是用更多的心思关心消费者的需求，两者便是不谋而合。

第五节　轻成本创造高复购

轻成本是轻加盟的总特色，包含了前面讲解的轻投资、轻管理和轻品牌的内容，同时体现在产品的生产、包装、运输等多个方面。与产品关联的所有物料的消耗都是成本的一部分，降低这些成本，就是为产品让利，节省的成本可以用来降低卖价，从而提高客户的复购率。二次购买是合格，三次购买是惊喜，想要让消费者多次购买产品成为老客户，质量与服务固然重要，而价格更能打动人心。

【案例】

刘先生想要通过创业来发挥自身能力并获取更高的收入，因为没有太多的经验，他接受了家人的意见，决定从常见的烧烤店入手。现如今，烧烤已经不是季节性食物了，越来越多的消费者对烧烤类食品比较喜爱，开心要吃烧烤，不开心也要吃烧烤，这种消费需求转变也使得烧烤店遍地开花。

尽管经营一家烧烤店的难度系数相比于其他类型的店铺较低一些，但是激烈的行业竞争也是刘先生必须克服的困难，为了能够提高店铺的竞争力，刘先生决定向成功案例学习。

经过多番了解与观察，刘先生发现在居民区附近有很多烧烤店，但是一家在店内设立啤酒屋的店铺客流量明显超过其他店铺，于是他决定仔细了解一下其中的缘由。在某天店主难得有空闲之时，刘先生赶忙与其展开了一番交流，从店主的表述中，刘先生了解到该店铺不仅是一个烧烤店，还是一个啤酒屋，店主加盟云仓酒庄并在店铺内开设了啤酒屋。身为云仓酒庄的加盟合作者，店铺可以享受较低的啤酒批发价格，也就可以有为消费者让利的空间，许多消费者都是冲着较高的性价比来店里消费的。

案例中成为刘先生学习对象的店铺，在加盟云仓酒庄之后非但没有影响原来的主营项目，还有效地提高了店铺的营业额。在加盟后，因为本身拥有属于自己的门店，所以经销商不需要花费成本装修店铺，又因为加盟的费用很低，所以加盟商投资的回报率明显提高，烧烤店实现了低成本提高复购率的目的。

云仓酒庄轻加盟的经营理念就是赚得少才可以卖得久，薄利才能多销，参与加盟的经销商只需要负责销售，至于囤货、物流等工作都由总部承担，能够为加盟者节省不少成本。从云仓总部的视角出发，轻加盟也是一种低成本的经营方式，可以从各个方面节省成本，包括产品包装材料、产品生产工费、产品运输费用等。

消费者依据个人需求寻找产品，受产品质量吸引选择产品，而能够让其认可产品的往往是令人心动的价格。加盟的成本越低，企业与加盟者就越有为消费者让利的空间，在质量相同的情况下，价低产品对消费者的吸引力必然更大。"优美"的价格是复购率提高的主要决定因素，因此，轻加盟的轻成本是提高消费者复购率的基础。

第二章 由"困"转"安"

高投资、高成本成为现今很多投资者最为忧心的事情,加盟必须有大门店是诸多加盟经销商难以跨过的鸿沟,所以如何加盟"小店"是一个十分热门的话题。从常规认知内的"大店"加盟转变为"小店"加盟是轻加盟模式的一大显著优势,能很好地帮助一众资金有限的投资者由"困"转"安"。

第一节 困"兽"之争

随着市场经济的不断发展,加盟经营逐步成为一种正式的商业模式,对很多经营经验不足却有创业期望的人来说是个不错的选择。诸多企业吸引加盟者的关键之处就是低投资、低成本,然而加盟真的如想象中的那样轻松吗?答案是否定的,现在大部分加盟店成立初期就需要投入大量的资金与人力。加盟要声势浩大是不少投资者容易进入的一个认知误区,他们认为只要自己投入的资金和精力足够多,就可以超越竞争对手。其实并非如此,经营大店往往会给加盟者造成很多困扰,资金、人才、管理都可能成为困住大店发展的不利因素(如图 2-1 所示)。

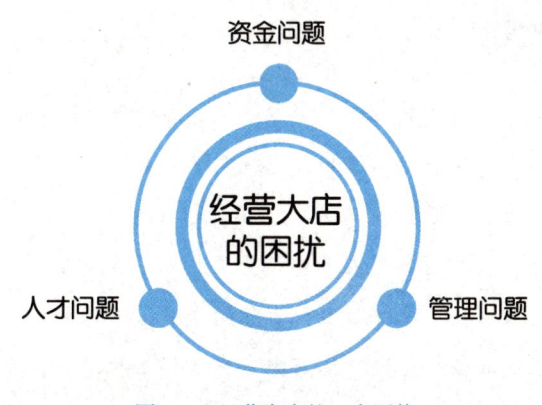

图 2-1 经营大店的三个困扰

一、资金问题

规模越大的店面，需要的投资也就越大，如果没有足够的财力，即使店铺建设与装潢完毕，后期的经营与维持也需要一大笔资金，这些都可能成为压垮加盟者的"稻草"。

加盟店的发展可以大致分为三个阶段，分别为建立期、维持期和盈利期。首先，在建立初期，也就是创业刚刚开始的时候，加盟者必然是信心满满的，因着对未来的畅想，会用很大力度设计与建设用来加盟的店铺，重金投入就是这一阶段的显著特点；其次，在维持期间，加盟店铺在建设完成后逐渐进入经营阶段，加盟者需要通过吸引客户、稳固客户来为自己的店铺创造收益，处于该阶段的加盟店大多处于入不敷出的情况，在收入不多的同时还需要维持店铺运营，也需要不少的投资；最后，来到盈利期间，能够度过前两个阶段到达该阶段的加盟者，必然拥有足够的魄力和殷实的财力，否则很难经得起前面的考验。

客观来说，想要成功经营一个规模较大的加盟店，资金实力是必须要考虑的因素，如果没有足够的资金投入，很容易半途而废，不仅不能达到预想的成果，还会使前期的资金投入"竹篮打水一场空"。

【案例】

汤姆和杰克是某国际大学的毕业生，在校就读期间，两人是关系不错的朋友。毕业后，汤姆选择就职于一家企业，而杰克则着手跟着父亲经营自家的生意。

两年后，汤姆与杰克在同学聚会上相见，在攀谈过程中，汤姆得知杰克创业成功，是一位身价不菲的老板，同时也加盟了国内一家比较知名的企业。这使得汤姆也产生了创业的想法。汤姆在回家后思考了很久，他觉得自己不比杰克差，肯定也可以创业成功，于是他开始按照杰克的加盟方式进行加盟。

汤姆首先将自己的大半积蓄用来投资店铺的建设与产品的购入，这个时候他并没有觉得有多大压力，想着只要开始经营就能够将成本很快赚回来。但是当店铺真正开张时，他才发现并没有多少收益，反而在不断地消耗成本，不到一年的时间，汤姆的积蓄就已经所剩无几。迫于资金的压力，汤姆不得不放弃自己的加盟店，再次选择做一名"打工族"。

这次的投资加盟经历，让汤姆意识到没有足够的资金，很难经营起一家大规模的加盟店，自己能力虽然不输于杰克，但是远没有杰克那样的家庭积蓄作为加盟的资金来源，所以大店加盟可能并不适合大众投资。

二、人才问题

通常情况下，规模越大的店铺内部的人才结构越复杂、越全面，想要维持大店的运营与发展，人才的质量与数量是必须要考虑的因素。随着加盟理念不断深入人心，越来越多的投资者选择成为加盟商，诸多的行业在短时间内被加盟连锁的狂潮所笼罩，想要抢占先机变得难上加难，而人才的作用就显得尤为重要。

就大型的加盟店来说，此类店铺一般会兼顾产品的研发、生产、服务与销售等全过程的工作内容，所以可以将所需人才分为研发型人才、生产型人才、服务型人才和销售型人才（如图2-2所示）。研发型人才需要有创新能力，时刻关注消费者的需求走向，努力满足更多客户的消费欲望；生产型人才需要有很强的动手能力，按照生产计划将产品从无形变为有形；服务型人才要有纵观全局的能力，一方面要吸引客户注意，另一方面要维护产品形象；销售型人才则应具备沟通能力，让加盟店的成本投入转化为利润。

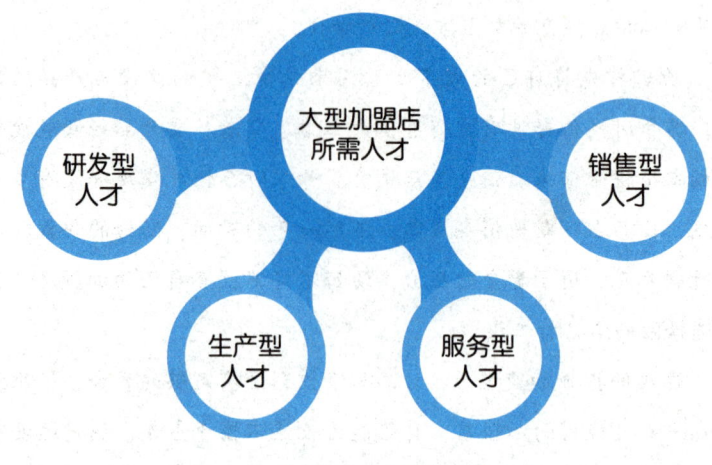

图 2-2　大型加盟店所需的四种人才

当加盟者全面了解了大规模店铺所需人才的质量与数量后，就会感受到人才方面的压力。对于加盟者而言，自掏腰包建设店铺已经是很大的成本支出了，招聘人才、选拔人才与维护人才却仍旧需要大量的资金，此时人才问题便从另一种意义上演变为成本压力。

【案例】

投资者李某想要与 A 企业建立加盟关系，在 A 企业同意并授权后，李某便开始着手店铺建设等相关事宜。从装修店铺到进购产品，再到宣传推广，总共消耗了李某 2/3 的资金。店铺规模较大，且李某对很多专业的经营事务都不是很清楚，只能雇用相应的人才来协助自己。

其他方面的人才都不需要太过专业，但李某的加盟店必须要有一个对产品理念与文化比较熟悉的专业服务型人才，负责向客户详细地讲解产品的文化背景。即使经过一番努力寻找后，李某也没有找到合适的人选，于是不得不向 A 企业借调人才。为了满足对方的薪资要求，李某在初期没有收益的情况下一直持续地消耗成本，过程非常艰难。

这次加盟行动让李某从小有积蓄变得口袋空空，他也时常感叹："没有思想的产品，其价值体现在价格数字上，而有思想的人才其价值在于能力，这远比产品和资金更加贵重啊！"

可见，经营一家大店，人才对加盟者来说也是必须要思考清楚的一大问题。

三、管理问题

想要加盟一个企业或者一项业务，就需要掌握相关的信息与技术，投资者选择开设规模较大的加盟店，在内部管理上就需要有足够的能力与经验。时至今日仍然有不少人认为管理就是简单地发号施令，有很多人笑谈加盟者就是"翻身做老板"，但是真正的加盟并没有想象中那么简单与美好，一旦管理失衡，就容易使得加盟店走向衰败。

细节决定成败，大规模的加盟店需要注意的管理细节更多，想要做大事就要重视小事的积累。想要做好细节管理，加盟者就需要花费大量的心思与精力去发掘与处理细节问题，店铺越大，需要关注的细节越多，管理起来就越有难度。另外，相比于小店来说，大店更需要通过规范的制度进行管理，因为大店的工作量大、员工数量多，没有合理的制度辅助管理，很容易出现员工工作散漫的情况。制定管理制度对加盟者来说也并非一件易事，在诸多的加盟投资者中，拥有管理经验的并不多，那么想要展开管理就只有两个选择：自己学习管理和雇用管理人员。这两种选择都具有一定的难度。

【案例】

　　李华与张丽是志趣相投的朋友，两人在一家服务型企业共事了一段时间，都有创业的想法，认为自己可以很轻松地经营起加盟店，本着高风险、高回报的想法，他们决定投资建设一家大型的加盟连锁店。

　　在经营初期，店铺的客户数量并不是很多，李华和张丽只是雇了两三个人来协助工作，几人也能够有条不紊地完成工作并满足客户需求。随着时间的推移，两人的加盟店在所在区域初具名气，有不少消费者慕名而来，店铺的收益也随之上升。盈利增加本来是一件很愉悦的事情，但是因为客户增多，加盟店的工作量也开始增加，就需要招聘更多员工。在招聘了一批新员工后，李华和张丽两人作为领导者，就不得不对多位员工的工作进行管理与安排，然而两人相关的经验很少。可想而知，不科学的管理导致员工的任务分配不均，也间接影响了客户体验，让店铺的运营受到了很大影响。

第二节 小投资，轻负担

轻加盟有一个外显的优势特征，就是店铺的投资费用低，这一点不仅仅展现在加盟者面前，很多消费者也可以轻易发觉。小投资的店铺固然会略显简陋，但与之相应，加盟者的压力也不会太大。在轻负担的情况下，参与加盟的经销商便能够放开手来干。对于加盟商来说，如果投资的费用少，需要承担的亏损风险就小，那么面对经营店铺遇到的很多难题就有尝试解决的勇气，而不会受成本影响变得畏手畏脚。对于很多企业家来说，尝试与拼搏更能够掌握先机，从而收获意想不到的成果，所以轻负担的小店反而很容易获得高利润。

【案例】

张先生是云仓酒庄的一个加盟合作伙伴，他之前是一个有少许积蓄的自由职业人员，他并不是什么能力都没有的人，而只是不愿意过于被束缚，因此一直希望有一个单干的机会展示自己的能力。

为了能够找到自己所期望的机遇，张先生不断去寻找与感受，在两年前他终于在一个地区了解到云仓酒庄的轻加盟模式，于是决定用自己仅有的资金放手一搏。

在下定决心后，张先生便和云仓取得了联系，令他十分意外的是，需要投入的资金成本比想象中要少得多，在确定加盟意向后他便着手经营店铺。对于张先生来说，这是一次证明自己的机会，又因为自己确实很有能力，加上投入的成本较低，所以在经营店铺的过程中没有畏惧。张先生勇于尝试的加盟态度与云仓提供的低风险模式十分适配，使得张先生经营的店铺在短时间内取得了良好的成效，更是在企业的培训活动中被选为样板案例。

与张先生处境相似的人有很多，如果没有合适的机遇，他们就可能被埋没。云仓酒庄的轻加盟模式为各式各样的人才提供了施展才华的机会，无论是什么样的投资者，只要有意愿都可以较为轻松地成为云仓酒庄的加盟合作者，还可以在低成本、低风险的保障下勇敢创新与尝试。

轻加盟模式鼓励投资者经营小店，小店的常见表现有简单的店铺装潢、较少的员工数量和少量的产品库存，这些对加盟者来说都能缩减成本，同时自身的经营负担也会相应下降（如图 2-3 所示）。

经营小店的常见表现

01 简单的店铺装潢
02 较少的员工数量
03 少量的产品库存

图 2-3　经营小店的三个常见表现

一、简单的店铺装潢

加盟者选择的店面越小，需要投入的装潢成本就越低，而且店铺面积小，房租也会便宜，节省下来的资金可以流动到更有需要的地方，帮助经销商更好地经营与发展店铺的生意。

二、较少的员工数量

小型加盟店铺的占地面积小，在同一时间需要接待的客户数量有限，经销商无须雇用太多的员工，从而能够节省人力成本。需要注意的是，同一时间内接待的客户数量会受店铺的规模大小影响，但是并不代表店铺的总客户数量也会受到影响，经销商可以通过活跃客流量来提高客户数量。当店铺的员工数量不是特别多时，经销商也可以减少管理员工的精力消耗，能够专心地投入业务钻研中，从而促进加盟店铺更好地发展。

三、少量的产品库存

由于店铺的规模较小，所以能够储存的产品数量也不会太多，对刚刚接触加盟的投资者来说，库存少就意味着风险低，不必担心货物堆积的问题。当然，有不少人好奇库存少如何应对大客户的需求呢？轻加盟模式的好处在这里就可以体现出来了。以云仓酒庄为例，加盟者可以将所接收的线下客户订单同步为线上订单，也就是说完全可以由总部负责配送大数量的产品订单。小店库存少只会成为经销商的助力，并不会影响大客户订单的促成，加盟经销商不仅可以轻松满足客户的消费需求，还可以从中获得相应的利润分成。

小基数库存是一个利于经销商、客户和总部三方的实际优势（如图2-4所示）。

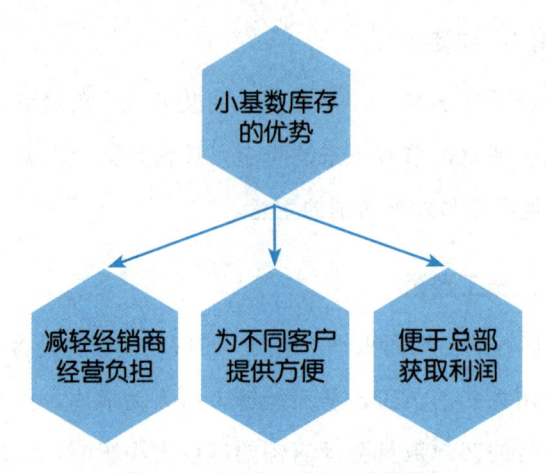

图 2-4　小基数库存的三个优势

其一，库存量少可以减轻经销商的经营负担，一方面能够避免库存积压造成的资金压力；另一方面无须留出库存产品的空间也能节省成本。

其二，加盟店可以根据产品库存量把客户分为两大类，下单数量低于产品库存量的为小客户，反之则是大客户。小客户可以直接从加盟店提货，方便且高效；大客户需要的产品数量较多，线下提货会有诸多不便，这时总部可以按照客户预留的地址提供上门配送服务，能够极大地为客户提供方便。

其三，客户是加盟店的客户，加盟店是总部的合作者，那么客户会间接成为总部的客户，所以为加盟者解决大订单也是为总部积累客户的机会。尽管加盟店的库存有限，但是总部从另一种意义上就是加盟店的线上仓库，在便利加盟店的同时，总部也会售出产品，从中获取利润，并获得客户好感。

很多参与加盟的投资者都是有理想、有抱负的成功人士，他们大多在某些方面拥有不错的成绩，对这些人而言，自身已经具备足够的能力，缺乏的是施展能力的机会。轻加盟模式允许投资者低投入建设小店铺，使得加盟经销商不受成本所累，能获得轻松、广阔的表现空间，如此情形下经销商往往能够产生新奇的想法，在经营好自己店铺生意的同时，也可以为其他加盟者提供模板和思路。

第三节 以大扶小

为了提高轻加盟模式的经营韧性,可以开设卫星店成为完善小店加盟的一个良策,也就是说,在一定的区域范围内,多个小店的运营需要有一个大店作为依靠。"以大扶小"能够保证多个店铺所在区域的正常运行,大部分消费者选择线下门店是因为距离较近,如果小店附近没有大店扶持,想要满足客户即时的需求就会有难度。距离越近,运输就越快,尽管轻加盟模式通常是自营物流,但是距离过远的话,经销商也很难在短时间内满足客户的部分大订单需求,所以大店的存在发挥着必不可少的调节作用。

一、卫星店模式

卫星店是一种店铺经营模式,与区域旗舰店相配合。相比区域旗舰店的大规模、全服务,卫星店则侧重在数量与分布上。在一定的区域范围内,设立一个大型店铺,类似于4S店,以该大店为中心向四周扩散,尽可能辐射整个区域,最终成立足够数量的小店。中心店的特点就是全面周到的产品与服务,而卫星小店则可以吸引更多的客户,将产品面向的消费者群体尽可能地扩大,不错过任何一个潜在客户的开发。

卫星店就是一个区域旗舰大店与几个小店的合理组合,这里的"几个"看似是一个约数,模糊不清,实际上应该有一个合适的范围,具体的数值区间依照大店的规模而定，在大店可以支撑的范围内设立小店最为合理，也能保证盈利最大化。采用卫星店模式，参与小店加盟的投资者能够减少成本支出，并且运营方法可以自行设计，也可以参考其他同等级门店，使得加盟者的工作变得自由又简单。

现任百胜中国控股有限公司首席执行官屈翠容曾表示：百胜卫星店和其他较小的商店大约600家，占据店铺总数的二成，此类店铺的投入小，但是销售数据却不错。现如今，卫星店模式几乎成为加盟行业中最好的店型，这样的加盟经营方式可以不断地扩张产品销售范围，在增设加盟连锁店铺的同时，也稳固了企业整体的发展。

二、大小店的相互作用

小店的投资少、风险低，能够吸引更多的投资者加盟；大店的库存多、服务全，能够成为区域内发展的支柱。两种规模的店铺能组合成卫星店模式从而发挥优势，是因为彼此之间的相互作用。

以云仓酒庄为例，云仓酒庄就支持多种规模的店铺参与加盟，旨在让少量的区域旗舰大店和大量的小店组成数个卫星店模式。在某销售区域内，有一个大店作为中心店，周围有很多小店呈现辐射状建设，在经营初期，很多经销商并没有感受到卫星店模式带来的助力，直至出现了一些新的情况，下面会列举两个事件说明大小店之间的相互作用。

【案例】

事件一：在一个冬季天气较为寒冷的北方城市就有这样一组卫星店。处于严寒时节，大部分客户都会购买红酒，所以店主们重点营销红酒产品，客流量一直较为稳定。然而，在前一段时间内，该城市的旅游业忽然兴起，吸引了很多外地游客前往，店铺内的红酒凭借着较高的性价比收获了众多游客的青睐，为诸多店铺带来销量的同时，也让小店的产品储量显得格外"渺小"。面对这样喜忧参半的情况，大店对小店的扶持作用就变得明显了，针对游客大量购买小店产品引起的仓储不足问题，大店就可以发挥库存和运输的作用，及时为小店提供产品以满足客户需求。因为有大店对小店的长期扶持，使得该城市的卫星店模式抓住了致富机会，所有的加盟店铺齐头并进，在促进各自店铺发展的同时，也为企业总部带来了明显收益。

事件二：大店的产品齐全、服务周到、价格适当，对消费者有着很大的吸引力，在店铺经营者认为自己几乎不需要任何一方的助力时，出现了难以把控的情况。在某段时间内，店铺所在城市持续降雪，尤其是大店附近区域降雪量一直很大，导致道路堵塞，限制了大店的客流量。好不容易熬过降雪，大店附近街道又接二连三地开始修路，导致大店在很长的一段时间内几乎没有客户流动。在这段时间内，大店的客户数量明显减少，产品销量持续暴跌，但是却一直维持在没有亏损、盈利少许的状态。追溯其原因发现，虽然客户因环境影响不在大店购买，但是小店对产品的需求却很强烈，在大店自身销量不佳的情况下，小店的持续性进货助力大店渡过了难关。

通过上面两个事件可以看出，大店与小店的相互作用主要是扶持与助力（如图 2-5 所示）。

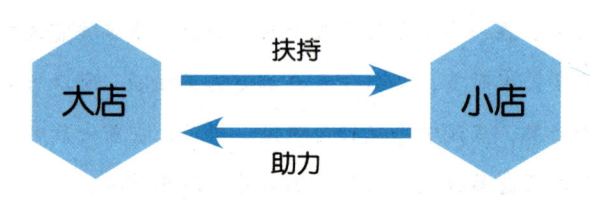

图 2-5 大店与小店的相互作用

（一）小店助力大店

小店与大店所处的地理位置细节不同，处于同一组卫星店铺范围内的每一个店铺，包括大店在内，都对标着不同的客户。以单个店铺为分析目标，其客户量一定的情况下，相差无几的营业额对小店来说足够了，对大店来说很有可能会成本大于收入。为了保证同组卫星店内大店的生存，小店就需要助力大店盈利，针对数量较大的订单，可以由大店提供产品，同时大店所获得的利润分成便属于店铺的盈利。

（二）大店扶持小店

小店的规模小，能够存放的产品数量有限，当有大订单产生时，可以选择从大店提货，也可以由大店直接送货至客户处。同时，小店的产品想要不定时地补充，就需要从大店的仓库中调取货物。无论是大数量订单的服务，还是日常货物的购进，小店都需要大店不断扶持与帮助，如果没有大店，小店的运营很难维持平稳的状态。

第四节 流程化服务

在轻加盟模式中,小店通常由投资加盟者开设,大店则由总部建设与负责,旨在轻市场、轻经销商、重总部自己,将重量级的任务留给总部,尽可能地减轻经销商的负担与工作。在一个完整的经营系统之中,总的工作量大致不会出现变化,那么在经销商工作量减轻的同时,总部的工作量则随之增加。为了能够更好地扶持经销商的小店经营,总部成立的大店就需要有流程化的服务。

一、流程化服务的内容

流程化服务是指为达到预设的目标,企业中各个部门的各位员工都各司其职,规范地、有计划地按照流程完成工作。大型店铺的流程化服务内容主要包含广告宣传、产品运输、产品存储和指导服务(如图2-6所示)。

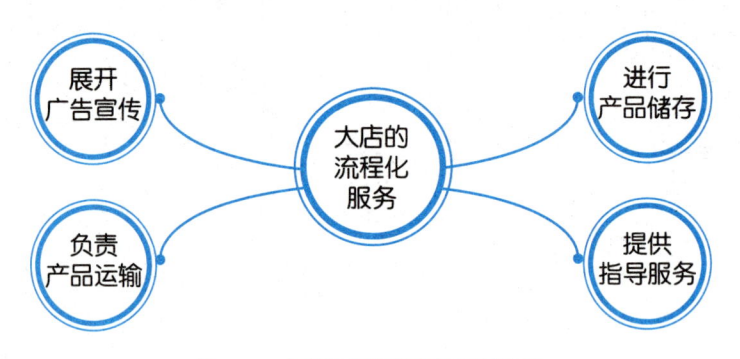

图2-6 大店流程化服务的四项内容

第一，展开广告宣传。作为卫星店模式的中心点，大店需要承担起广告宣传的责任，为周围的小店建立可以营销的载体。广告宣传的标准化流程依次为广告策划、广告设计和广告推广：首先，需要根据产品特色、市场需求等因素制订策划方案；其次，需要按照策划方案将想法落实到设计当中；最后，需要将制作完成的广告投放到合适的渠道进行推广。

第二，负责产品运输。作为功能齐全的大店，需要承担运输产品的责任，保证每一位经销商提出的需求都能够满足到位。产品运输的标准化流程依次为配货、运输、交货：首先，在接收到小店发出的产品需求单后，需要按照订单要求配货；其次，通过自营的物流渠道输送产品；最后，将产品交接给客户，并与客户确定订单信息是否一致。

第三，进行产品储存。由于小店的规模较小，一般没有设置仓库的空间，所以大店就扮演着仓库的角色，满足小店不定时、不定量提取货物的需求。产品储存的标准化流程依次为采购产品、入库管理、清点产品、出库管理：首先，大店需要提前做好产品数量的购入安排，根据实际需求采购相应数量的产品；其次，需要将购进的产品入库存放；再次，需要对入库的产品进行记录，形成清单，保证库存数量与采购计划数量相同；最后，在小店提出货物需求时，大店需要按照需求出库相应的产品。

第四，提供指导服务。店铺经营不仅仅涉及产品的销售，还会涉及不少其他方面的经验与技巧，小店对这些内容所知甚少，所以就需要大店提供周到的服务与指导。指导服务的标准化流程依次为了解需求、制订方案、进行培训：首先，大店需要初步了解与确定小店加盟商的需求，知晓对方想要获得哪些方面的帮助；其次，大店需要有专门的培训人员制订后续的培训计划；最后，根据培训计划的安排对小店经销商进行培训，帮助对方更快地掌握经营店铺的技巧。

二、流程化服务的优劣势

流程化服务是对卫星店模式中大店的规范化要求，对整个卫星店模式覆盖区域内的店铺发展都有很大帮助。任何策略与方针在发挥作用的同时，都不能保证方方面面的优势，流程化服务同样如此，拥有明显优势的同时，也无法避免会存在一定的劣势。

（一）流程化服务的优势

当大店拥有流程化服务体系时，其周遭的小店就会减少很多工作量，从而享受很大便利。同时大店的诸多服务标准有利于小店，能够拉近大店与小店之间的关系，使得彼此的合作更加亲密无间。流程化服务便利于小店的同时，也优化了大店的工作任务，是一个利于双方的策略选择。

云仓酒庄就建议大规模加盟店进行流程化服务，但不会强制要求加盟商必须按照大店的想法经营店铺，如果有加盟商认为流程化服务暂时没有必要，企业总部也会尊重对方的想法。

【案例】

王女士经营着一家大规模加盟门店，她认为应该将轻加盟模式的自由特点发挥到极致，所以并没有采取云仓总部给出的流程化服务的建议。

大店不仅体现在规模上，还体现在多方面的功能上。王女士在经营店铺后发现销售产品只是大型加盟店的基础功能，附加功能包含了多个方面，例如展示产品、吸引客户、扶持小店等。在一开始，尽管诸多工作任务处理起来很繁杂，但王女士却很享受这种充实感，然而随着店铺的发展，同类型任务的数量不断增加，想要处理好所有工作变得逐渐吃力，很多时候会因为没有秩序而耽误了工作。

观察与了解到王女士所经营店铺的处境后，云仓酒庄总部意识到需要进行适当的干涉了，于是有专门的人员再次向王女士提出流程化服务的应用必要，在得到王女士同意后，企业总部及时为王女士提供了专业的培训，帮助店铺快速完善了流程化服务，并使王女士快速适应了流程化服务的节奏。

在应用流程化服务后，王女士应对诸多工作任务时变得得心应手，哪些工作项目应该在哪个环节处理、怎么处理都在流程化服务的考虑范围内，有效减少了王女士及店铺员工的实际工作量，同时也不同程度地降低了各项工作的难度。

（二）流程化服务的劣势

流程化服务有一个较为明显的劣势，就是发货速度相对较慢，毕竟客户到达某个小店购买产品时，在小店直接提货要比从其他店铺提货更快速。但是，这里的劣势也只是一个相对情况，因为大店处于卫星店模式的范围内，与每个小店的距离必然不会太远，并且可以通过自己的物流渠道为客户运输产品，所以在大多数情况下不会耽误交易时间。

第五节　前台越简单，后台越复杂

轻加盟模式成为众多投资者的选择，是因为参与加盟的经销商只需进行简单的操作，而支撑加盟者简易操作的是总部后台复杂的运行。事实上，在任何系统或者环境内，万物都是守恒的，前台越简单，后台就越复杂，能让轻加盟经销商实现简单操作的是后台一整套运作系统的支撑，包括供应链优化、IT系统、客户系统和培训系统（如图2-7所示）。

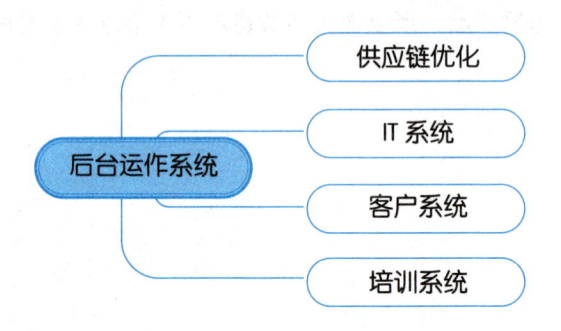

图2-7　后台运作系统的四个部分

【案例】

李某有着丰富的企业加盟经验，他尝试过传统加盟模式，在近期又投身于轻加盟模式之中，他对两者之间的区别很有发言权。

提及自己之前的加盟经历，李某却是抿嘴苦笑，他讲述道："选择加盟是一件劳神费财的事情，如果没有足够的资金和忍耐力，真的很难熬出头。"

李某的加盟经历可以分为加盟前、加盟中和加盟后三个阶段。

加盟前：需要向企业交付一笔数目不小的加盟费，根据其他加盟店的规模建设店铺，同时需要投入大量的人力、物力和财力。

加盟中：需要按照加盟协议中的要求进购货物，店铺维护、客户维护、产品宣传都由加盟商自己负责，投入资金的同时，会消耗大量的精力。

加盟后：当加盟商经受不住店铺经营状况不佳带来的压力时，即使产生退意，也需要承担不小的亏损，店铺的库存也要由加盟商自己处理。

李某之前的加盟经历充分体现出传统加盟模式的复杂与艰难，在加盟云仓酒庄之后，李某表示自己的幸福感都提升了，因为作为企业的加盟商，他不仅不需要承担过多的风险，不需要负责繁杂的工作，还可以得到企业总部的诸多帮助。云仓总部承担着李某加盟店的仓库、运输、客户维护等责任，将李某的工作简化为销售产品，他只需要专注于经营自己的店铺即可，不需要浪费精力与资金去操心后台的服务。

一、供应链优化

供应链是一种强调过程与整合的供应模式，非常看重产品到达客户处之前的各个环节的相互关联与衔接。优化供应链可以将生产商、供应商、经销商、零售商等多个环节的节点店铺与组织联系起来进行整体优化，从而降低企业成本，为客户提供最大的价值。而小规模店铺的加盟经销商作为供应链中的节点负责人，必然会得到供应链优化带来的好处，比如能够简化加盟者的操作。

二、IT 系统

小店与大店是合作互助的关系，涉及店铺的运营、产品的运输、资金的流动等方面的工作，离不开信息的传递与处理，而大店拥有完备的 IT 系统，能够很好地处理整个过程中的信息数据。有关店铺运营的繁杂数据，小店都可以在大店的 IT 系统中进行处理与储存，这也减少了小店加盟者的操作困难。

三、客户系统

小店经销商还不具备客户维系的能力，大店可以通过自己的客户系统帮助小店进行客户信息存档与客户数据管理。客户系统一般是指客户服务系统，旨在通过沟通互动的方式实现实际客户的转化，其实质作用就是提高客户满足度与客户忠诚度。当客户系统能够对客户进行多个阶段的维护时，小店经销商就只需要面对面解决客户需求，相对应的操作难度会有所下降。

四、培训系统

小店铺的建设时间短，店铺经销商和内部员工的能力与经验大多不够，而大店的培训系统可以为小店铺提供专业的培训，能够减少小店铺尝试经营的麻烦，从而缩短积攒经验的时长。培训系统是一个学习知识与汲取经验的平台，能够满足经销商绝大部分的学习需求，帮助经销商快速掌握店铺运营技巧，从而降低加盟者的店铺经营难度。

第三章

可专卖，能搭售

  在专卖店席卷经济市场的时期，愿意将自己的产品作为搭售物进行销售，是一个大胆却创新的想法与尝试。"沧浪之水清兮，可以濯吾缨；沧浪之水浊兮，可以濯吾足。"专卖不是唯一的选择，轻加盟模式提倡产品可专卖，也可搭售，旨在实现产品的多元化销售。

第一节 既是正品，也是赠品

现如今，很多消费者看重品牌，在购买产品后都比较关心是否为正品，同时也会注重产品的质量。产品作为正品销售，可以让消费者认识其品牌；也可以作为赠品，让消费者接触到产品。只要能够扩张消费者群体，无论是作为正品销售，还是作为赠品都是可取之举。

一、产品作为正品销售

随着大众品牌意识的逐渐觉醒，越来越多企业开设专卖店来销售自己的产品，企业重视品牌的同时，"正品"一词也成为鉴别产品价值的一个重要因素。将产品作为正品销售，是大企业、大品牌常见的做法，但是有些时候正品销售的要求也会制约产品的销售量。

（一）正品销售的优点

将产品放在专卖店中销售，最普遍的优点在于便于策略实施、利于形象凸显、易于产品陈列（如图 3-1 所示）。

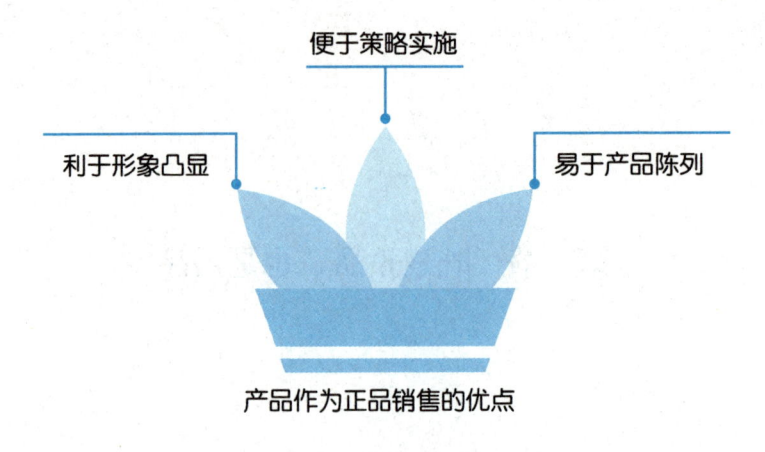

图 3-1　产品作为正品销售的三个优点

首先，专卖店直接隶属于企业，店铺的关联性较强，能够及时快速地将企业制订与下达的策略落实到工作当中；其次，因为是专卖店，所以店铺内所有的产品都出自同一品牌，只要消费者进入店铺，无论接触哪一个产品都会加深对品牌的印象；最后，专卖店都是由企业总部建设成立，产品与管理较为统一，不需要花费过多的精力去分类与陈列产品。

【案例】

朱先生和妻子经营着一家利润不错的云仓酒庄产品专卖店，在店铺建设初期，朱先生先开设了一家租金较低的小规模实体店，而正是这个小小的店铺为他创造了不小的财富。

朱先生是在一次偶然的机会中接触到云仓酒庄的，在朋友的推荐下购买了一些出自云仓酒庄的红酒，因为自己不怎么饮酒，所以在收到红酒后第一时间就送出去很多，只在家中保留存放了一小部分。他的妻子在品尝过后却觉得很不错，于是就联系了云仓酒庄的相关负责人，夫妻二人在深入了解云仓酒庄轻加盟模式后果断决定参与加盟。

朱先生的店是逐步成为云仓酒庄产品的专卖店的，他和妻子意识到红酒的性价比高，能够提高复购率，就决定放弃之前的产品经营，选择专注于对云仓酒庄的加盟。加入云仓酒庄时，朱先生并没有投资太多，只用了几天的时间就成功回本，之后便不断努力做大做强。

朱先生的加盟店主要以批发和零售为主，为了促进店铺的发展，他们开设了两个库房以满足大订单的需求，同时也在不断地扩展销售领域，持续增加实体店数量。

在开发市场的过程中，朱先生经常会将红酒送出去，在与对方深入交流的同时，朱先生就可以判断出什么人有机会成为会员、什么人有机会成为合作者、什么人有机会成为长期购买的客户。在确定消费者的对应身份后，朱先生就可以明确不同消费者的需求，并制订出有针对性的销售策略。

经过不懈的努力，朱先生的店铺实现了不小的盈利，他们成功的经历也成为云仓酒庄总部组织培训活动时常用的模板案例。

（二）正品销售的缺点

专卖店存在的目的不仅仅是销售产品，还包括宣传品牌。正品销售为专卖店带来利润的同时，也在一定程度上抑制了店铺自身的发展（如图3-2所示）。

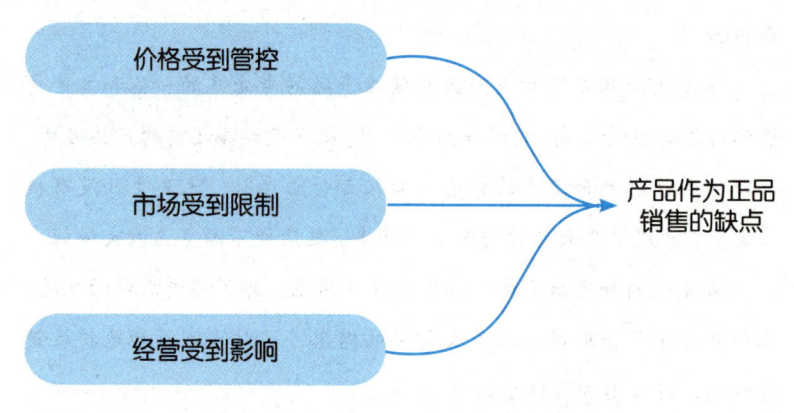

图 3-2　产品作为正品销售的三个缺点

1. 价格受到管控。

专卖店的产品价格受总部管控，同属于一个品牌下的产品在不同的地域内销售价格不会相差太多，这往往导致专卖店的正品价格与当地的市场价格不符。专卖店所处的地域位置不同，当地消费者能够接受的价格就不相同，如果不能根据店铺所在区域的市场价格来定价，很有可能会流失大量消费者。

【案例】

某咖啡是诸多一二线城市中热门的饮品品牌，在全国各地有不少连锁加盟店。因品牌拥有较大的名气，受到众多消费者的喜爱。

在一次采访中，某位加盟店铺经营者表示自己在短短一年内就实现了大额盈利，这也吸引了更多的投资者参与加盟，其中也不乏一些投资者想要在小城镇建设加盟店。由于该品牌咖啡起源于一二线城市，价格定位较高，即使在小城镇成立加盟店，咖啡的定价也不能太低。但对于小城镇居民而言，咖啡的价格较高，所以购买的人并不是很多。

> 建设店铺、引入产品、学习经营方法等事务消耗了投资者一大笔资金，同时由于定价太高，且品牌总部要求不能过度降价，导致小城镇加盟店未有明显收益，这便是专卖店价格被控制的不良结果。

2. 市场受到限制。

专卖店的发展与运营受总部控制，无论是面向的市场，还是店铺的定位，都由总部决定，专卖店通常只能按照要求与制度行事。总部的制度支撑可以减轻专卖店的管理任务，却也限制了专卖店的市场，而如果不能结合市场需要经营店铺，就会失去不少客户。

【案例】

> 刘女士分享了一件令人叹息的事情，老家附近的一家连锁超市宣告停业了。从刘女士十几岁开始，她就是这家超市的常客。因早些年技术与设备等因素受限，超市的经营模式较为单一，在没有过多因素的影响下超市经营得十分不错，是附近居民经常光顾的地方。
>
> 随着近几年经济的发展，总部开始实行购物卡制度，作为连锁专卖店，这家连锁超市不得不按照总部制度要求落实工作。按照总部规定，购物卡一经办理，就不允许退，然而超市的物价受总部管控，价格持续上升，使得消费者非常不满。
>
> 作为低头不见抬头见的邻居，连锁超市的老板一直觉得总部的要求过于苛刻，对消费者的基本权益产生了不良影响，但是自己又不能更改制度要求，只能看着消费者不断流失，也遭受了不少邻居的白眼，最后只能停止营业。

3. 经营受到影响。

专卖店的产品都由总部选取与投放，产品的质量与款式等都不由店铺经营者决定，会使经营者在经营店铺的过程中受到制约。另外，总部很难保证对店铺所在区域有清晰的了解，在不确定消费者群体需求的情况下盲目选择产品，很有可能会给店铺带来较大的风险，从而影响店铺的良好经营。

【案例】

某服装品牌是近几年深受年轻人喜爱的一个潮牌，一年的营业额远超同行，为品牌建设多个店铺奠定了资金基础。一开始，品牌企业在总部周边的市区开设了不少专卖店，很明显地扩展了消费者群体范围，使得品牌服装销量到达新的高峰。

随着盈利的不断增加，品牌负责人的底气越发充足，他已经不满于当下的周边店铺，所以决定大胆尝试，想要实现市场下沉，便先在附近乡镇建立了一家专卖店来试水，然而结果并不美好。

分析乡镇专卖店失败的原因得知，该服装品牌属于潮流品牌，而乡镇的年轻人大多在外拼搏，潮牌的受众群体不在，就使得专卖店的销量不佳。专卖店的产品设置受总部影响，为了符合主题，潮流品牌的大部分服装都是时尚产品，乡镇的常住民则是中老年人，两者之间并不匹配，导致专卖店经营效果不好的原因正在于此。

二、产品作为赠品销售

众多加盟商局限于专卖连锁店的模式，总是觉得只有经营好专卖店才可以增加产品销量，但是也有人觉得潜意识的认知只会成为禁锢思想的牢笼，所以便尝试将产品作为赠品销售，这也就是轻加盟模式的一个重要理念。

将产品作为赠品销售不是否定正品销售的作用，而是在原有的基础上优化加盟模式，使得产品收益最大化，让专卖店不再成为唯一的加盟店铺形式。将产品作为赠品销售，对加盟者和产品总部来说是一个双赢的选择，没有必要觉得专卖与正品才是宣传品牌的关键，只要能够宣传品牌，任何合理的方式都是可行的。

（一）产品作为赠品对总部的好处

1. 减少资金投入。

从宏观角度分类，产品作为销售的类型有正品与赠品两种，如果选择以正品形式销售，就需要总部出资成立专卖加盟店，而以赠品形式销售，产品在任何类型的店铺都可以出现，就无须投入大量资金成立专卖店。允许产品作为赠品销售，可以为总部提供更多的选择：一方面可以在合适成立专卖店的地区以正品形式销售，加深品牌印象；另一方面可以在不适合成立专卖店的地区以赠品销售，加大品牌宣传。

2. 增加加盟吸引力。

参与加盟的投资者经常会有自己的想法与决策，如果只能以开设专卖店的形式参与加盟，就会局限加盟者的思想，如此便降低了加盟的吸引力。并且，允许产品作为赠品出现，能够扩大可加盟的领域范围，经营任何产品的投资者都可以从总部提货成为加盟商，让自己现有的店铺成为加盟点。产品作为赠品销售，在一定程度上降低了加盟的门槛，能够吸引更多有思想、有抱负的投资者加入，并成为有力的加盟合作伙伴。

（二）产品作为赠品对加盟者的好处（如图 3-3 所示）

图 3-3　产品作为赠品销售对加盟者的四个好处

1. 降低投资成本。

选择一款产品作为自己店铺的赠品，轻加盟模式的加盟者既可以选择自己囤货，也可以选择由总部寄货，如果可以将产品作为赠品出售，但由总部将赠品寄给客户，对加盟者来说既省时省力又节约成本。

2. 降低经营难度。

经营一家店铺对于大多数商家来说都不是一件十分轻松的事情，而赠送产品是很多店家增加店铺吸引力的手段之一，如何选择赠品却是一个难题。很多重视品牌价值与高度的企业，其实并不愿意将自己的产品仅仅作为赠品售出，然而轻加盟模式的总部却十分乐意自己的产品作为赠品出现在消费者的视野中，因为其认为赠品只要有质量，同样可以获得消费者的青睐。在质量不错的赠品的加持下，店铺的经营者也能够顺利吸引客户，从而降低店铺的经营难度。

3. 增设副业项目。

将产品作为赠品销售可以是一种营销手段，也可以是吸引客户购买的第一个步骤，当赠品被消费者认可后，赠品也可以变成店铺盈利的一个正式商品。如果店家尝试将某一种产品作为赠品来增加客户满意度，而这样的赠品也收到不少好评，此时店家完全可以灵活变通，将赠品摆上货架，通过增设副业来实现收益。

4. 拓展客户群体。

消费者受趋利心理的影响，在获得赠品的时候往往更愿意给出高评价，所以设置赠品能够帮助店铺稳固客源。不同产品能满足消费者不同的需求，当店铺的赠品能够满足消费者的某些需求时，也可以成为吸引消费者的一个理由。赠品不止可以起到赠品的作用，还可以展现本身的价值，受赠品利益与赠品价值双重好处的吸引，会提高原有客户对加盟店的忠诚度，也会增加潜在客户对加盟店的好奇心。所以说，将加盟产品作为赠品搭配销售，完全可以帮助加盟店拓展客户群体。

云仓酒庄是将云仓与酒庄结合起来的一种形式，将酒庄的一些业务线上化，消费者可以在线下品酒，之后在线上发起订单，最终由云仓代发。云仓酒庄应用轻加盟理念，加盟者可以自由决定产品的呈现形式，很多加盟商将云仓酒庄的酒作为赠品搭配销售，起到了促进客户购买的作用，下面我们列举几个案例：

【案例】

案例一：一个售卖饮用水的店铺将红酒作为赠品销售。首先，店铺会在客户购买水票后赠送红酒，旨在提高消费者的购买欲望；其次，消费者也可以到店免费品尝红酒，在此期间店长可以和消费者交流共处，这是吸引客户的一个重要措施；最后，因为赠送红酒和免费品酒的吸引力，诸多客户愿意将店铺介绍给身边的亲朋好友，为店铺增加销量出了一份力。

案例二：一个套圈摊用云仓酒庄的红酒进行拓客。摊主没有直接销售红酒，而是将其作为增加吸引力的赠品，摊主给出的规则为套圈套到最远的物品就能获得红酒福利，如果套不中也可以得到一小瓶酒。云仓酒庄的红酒价格较低，摊主进货时还可以享受批发价，一般情况下，这个套圈摊的规则是20元20个圈，一瓶红酒的单价可能达不到20元。因为有作为赠品的红酒的吸引，消费者会对套圈产生兴趣，为了套中红酒福利，他们会自愿增加消费，常规套圈只能收获20元，但是红酒福利的影响使得摊主可以较为轻松地收获100元。

云仓酒庄的产品既可以作为正品销售，也可以作为赠品销售，但是这两种销售形式其实很少被一个店铺单一地应用，更多的店铺是将两者结合着使用，即产品既可以是正品，也可以是赠品，取决于店铺经销商的想法与需求，并且这样的应用方式往往可以取得不错的效果，诸如此类的案例如下：

【案例】

案例一：一个公寓式酒店在一楼的前台布置成小型酒庄，入住酒店的客户可以得到免费的红酒，如果对红酒的口味满意或者有购买的欲望，也可以到酒店前台直接购买。作为入住酒店的福利赠品，红酒是吸引客户的实质物品；作为丰富酒店功能的正品，红酒可以增加酒店在消费者心目中的权重。加盟云仓酒庄，可以丰富酒店的作用、提高酒店的吸引力，是用来增加酒店总收入不错的手段，是让客户感觉良好的有效方式，不仅可以为酒店稳固客源，还可以为云仓酒庄增加收益。

案例二：一家汽车美容养护店推出的充卡政策为充小卡送一箱红酒，充大卡送红酒会员套餐。当消费者的需求为美容养护汽车时，红酒就是赠品，是吸引客户充卡消费的手段；当消费者发现红酒品质不错并愿意主动购买时，红酒就是正品，同时，店铺的客户可以享受会员价。红酒作为赠品能够为店铺原有业务增加吸引力，作为正品则可以为店铺扩展经营的领域，但无论是赠品还是正品，都可以为店铺带来收益。

第二节 强化多销，弱化利润

销量不完全等同于收益，但销量一定会影响收益。不同企业家认可的盈利手段不相同，有人觉得卖得多才可以挣得多，主张薄利多销；有人觉得卖得贵才可以挣得多，主张高价获利。两种想法截然不同，无法实际评判正确与否，但是有一个关键点在于：要想挣得多，就必须卖得久。很多高奢品牌通过高价获利，这是适合此类店铺的方式，却不适合加盟投资，而适合加盟的大部分店铺并不适合定价太高，所以通过增加销量来增加利润最为合适，那么就应该强化多销，弱化利润。

一、多销不可盲目，弱利不是亏本

轻加盟模式一直强调重视销量，不把利润作为唯一的考虑因素，掌握理论是前提，如何在已有理念的基础上贯彻方针才是重头戏（如图3-4所示）。在了解到轻加盟关于销量与利润的理念后，有部分人在实施行动时却进入了误区，认为要不择手段地追求销量，即使亏本也要为消费者让利。

图3-4 薄利多销的两个注意事项

（一）提高销量的方式要合理合规

想要增加销量，应该在合理合规的范围内采取手段，而不是随意地、没有限度地增加销量，甚至不惜侵害他人权益。

【案例】

店铺 A 是一家小型餐厅，与同行竞争者同处于一条街道，尤其对面一家餐厅凭借着多年的经营经验吸引了很多客户，竞争餐厅的生意火热程度间接影响了周边多家餐厅的生意，店铺 A 也在其中。在多个店铺都为了餐厅生意红火而绞尽脑汁的时候，店铺 A 却选择走"捷径"，管理者雇用"演员"到对面餐厅消费，并诬陷对方的菜品卫生有问题，同时将双方理论的过程断章取义地发布在网络上。因为网传视频给对面餐厅造成了很大的负面影响，帮助店铺 A 减少了一个有力的竞争者，店铺的营业额随之提升。但是好景不长，对面餐厅在调查清楚真相后将店铺 A 管理者的不良手段公之于众，在一片谩骂声中，店铺 A 停业修整。

店铺 B 主要销售各类数据线，受当下网购潮流冲击，很多实体店确实很受影响，因为线上购买的费用较低，所以大部分客户都倾向于网购。店铺 B 经营者一方面不想降低数据线的价格，另一方面又想吸引更多消费者，所以决定"铤而走险"，从过度克扣成本入手，而成本不当减少的直接结果就是数据线的质量不佳。某次一位顾客在购买数据线后，发现数据线频繁漏电，最严重的一次是数据线出现火星，该顾客非常生气，找到专业人员查看数据线内部的质量，发现店铺 B 的数据线质量严重不符合规定，很容易对使用者造成伤害，于是顾客将这一情况上报给相关部门，店铺 B 受到了应有的处罚。

分析上述案例中店铺 A 和店铺 B 的实际情况可知，两家店铺的经营者确实以提高销量为目的,但是采取的手段并不合理,所以最终非但没有达到目的,反而给自己店铺造成了不小的负面影响。参与轻加盟同样需要铭记,增加销量也要合规合理,不能为达目的不择手段。

(二)为消费者让利也不能亏本

就消费者的趋利心理而言,物美价廉的产品更有吸引力,店铺经营者吸引消费者的一个有力策略就是降低产品价格,通过减少成本输出来为消费者让利。为消费者让利是在经营者有所盈利的前提下实行的,而不是毫无底线地亏本让利,消费者与经营者是交易性的合作关系,消费者通过支付金钱换取服务,经营者通过售卖服务换取金钱,任何一方没有得到可以接受的好处,两者之间就无法达成合作。

参与加盟的投资者源源不断,为了成功达到预期目标,不同的加盟者有不同的策略与方案,但没有人可以保证自己的方案一定正确,所以难免有人会费力不讨好。现如今,消费者的意识逐渐觉醒,经销商要想吸引客户,降低产品价格是必然之举,然而有些店铺加盟者会产生赌徒心理,他们认为可以先大幅降价吸引客户,后续再慢慢提高价格。然而,这样的结果就是前期销量大,后期客户流失严重,这样一来越大的销量就证明亏损越多。

【案例】

小布是一名刚刚毕业的大学生,他之前就读于经济类专业,认为自己可以利用所学知识创业成功,而小商品加盟店便是他的首次尝试。

在校期间,小布通过实习兼职等方式积攒了一笔资金,他觉得自己可以实行先赔后赚的策略进行商品销售,于是在开业之初,所有的商品价格都定得低于成本价。

在前期，小布的店铺客户络绎不绝，很多产品都是一销而空，这段时间小布并没有任何收益，而是一直用自己的资金维持店铺运营。

在一段时间后，店铺内部已经有很多熟悉的客户光顾，小布认为自己可以适当地提高价格了，于是开始加价，结果不少客户认为小布是在"杀熟"，导致店铺的客户大量流失，前期的投入也无法在短时间内收回，这让小布深受打击。

二、薄利多销，轻加盟的优势决策

轻加盟模式强调的"强化多销，弱化利润"是薄利多销的深层次贯彻，是指在盈利数额相对较低的情况下，通过合理手段增加销量来累积收益的一种决策。薄利不是亏本的低价，而是在保证盈利的基础上适当地降低价格，从而通过大量销售实现利润叠加；多销不是盲目地追求销量，提高销量的同时，还必须把控质量与成本，保证利润得到稳步地累积。

【案例】

云仓酒庄认同"赚得少可以卖得久"的观点，具体措施体现在多个方面，包括降低产品单价、放宽批发条件等。

云仓酒庄的产品单价一般会低于同行业的其他企业，在保证自己不亏本、加盟商有盈利的前提下，云仓酒庄会尽可能地为消费者让利，消费者选择购买云仓酒庄的产品，可以享受到超越价位的口味，这样可以吸引消费者复购，从而提高产品的销量，使得云仓酒庄能够长久发展与生存。

云仓酒庄不会限制批发产品的人群，很多企业认为通过批发购买大量产品的人一定会将产品再销售出去，所以通常只会给加盟商

> 提供批发价格，云仓酒庄却并不相同，对那些经常饮酒的客户也提供批发价格。消费者可以购买店主套餐，然后便可享受较低的批发价格，尽管批发价格低，云仓酒庄能够得到的利润也不高，但是批发产品可以积累数量，从而能够达到"薄利多销、以量补利"的目的。

相比于传统加盟模式的高利润、低销量，轻加盟模式的薄利多销的优势主要有以下几点（如图3-5所示）。

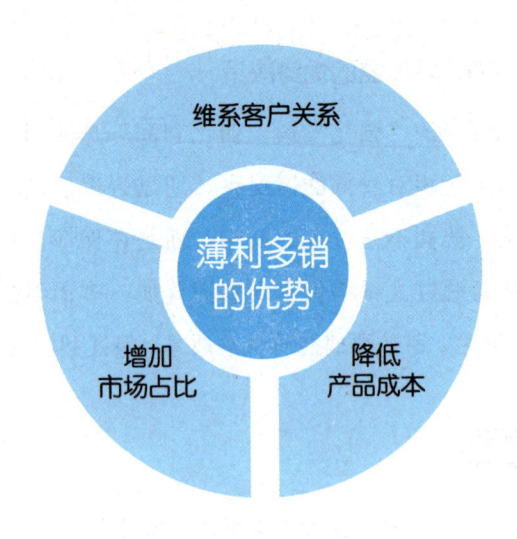

图3-5 薄利多销的三点优势

（一）维系客户关系

参与加盟的店铺如果能够合理地采用薄利多销的模式，就可以在保证质量的前提下降低产品价格，消费者能够花费较低的金额购买自己心仪的产品，就会愿意成为产品的忠实客户。薄利多销能够为消费者创造利益，无非有两种形式，分别是花费同样的价格购买更多的产品和花费较低的价格购买同质的产品，无论是哪种形式，都是消费者乐见其成的，所以薄利多销能够帮助加盟店很好地维系与客户的关系。

（二）增加市场占比

薄利多销的直接结果是客户增加，不止可以维持原有客户的黏性，还可以凭借着较高的消费者评价吸引更多的新客户，而客户增加就代表着产品的市场占有率提高。薄利多销是要通过较低的价格来吸引更多的消费者，由更多的消费者创造更多的销量，而不是仅仅依靠原有客户个体销量的增加。

（三）降低产品成本

随着产品销量的逐渐增多，为加盟店铺创造的利润越来越高，加盟者可以选择将所获利润用在成本补充上，从而进一步降低单品成本，随之而来的是产品价格适当降低，这就形成了一个完整的循环过程。销量增加表示成本可以降低，成本减少代表定价能够下降，价格变低助力销量逐渐增加，以此循环下去，加盟店就能够维持稳定的运营。

当然，虽然薄利多销模式的优点显而易见，但在落实的过程中加盟者还需要注意比较关键的成本控制问题，产品的成本应该在合理的范围内降到最低。合理范围是指产品要保证质量合格，不能为了降低成本而损害产品质量，避免引起消费者不满；降到最低是指想尽一切办法控制成本，产品的生产、运输、宣传等多个流程中都可以适当地控制成本，从而避免成本过高导致利润受损的情况发生。

【案例】

为了降低产品的价格，实现薄利多销，云仓酒庄的相关负责人员不得不从成本上进行控制，产品生产成本越低，酒庄能够为加盟者让出的利润就越多，就越能够获得消费者的认可，这是一个良性的循环过程。

云仓酒庄负责成本控制的人员可谓绞尽脑汁，以生产成本为例，为了减少成本支出，负责人员与工厂进行多次协商，将云仓酒庄的生产工作放在较为闲暇的时间段，此时的工费较低，可以节省不少成本。另外，简化产品包装也是从生产的角度节省成本，云仓酒庄的产品包装的设计人员只在乎包装的密封性与安全性，只要能够将产品保存完好，包装的美观度可以不在考虑范围内，甚至为了节省成本，酒庄的酒瓶都会减少花纹。

云仓酒庄不仅会从生产环节节省成本，还会在运输、宣传等多个环节中减少资金的投入。当产品的成本降低后，加盟者在定价时就可以定得足够低，让消费者直观地感受到产品的物美价廉。

第三节 提高价值，降低价格

在品牌可以代替产品价值的时代，轻加盟模式选择回归实质，用质量来创造产品价值，无论是正品还是赠品，只要它出现在消费者的手里，就一定要发挥相对应的价值。比起品牌至上的高价格产品，价格符合价值的产品更受大众认可，通过提高价格来展示产品价值不是稳妥之举，参与轻加盟的经销商应该做到既提高了价值，又降低了价格。

一、价值与价格

价值与价格虽然只有一字之差，但两者的判断主体却并不相同，价格是产品或服务具备的货币价值，通常由销售者和市场决定；价值是产品展现出来的实际作用，通常由消费者的需求决定（如图3-6所示）。

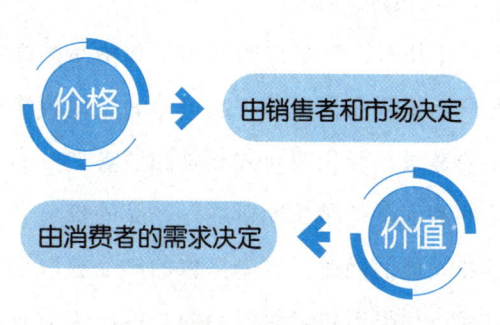

图3-6 价格与价值的不同判断主体

价格是在经营过程中形成的,产品成本决定价格的下限,产品市场决定价格的区间,而产品售卖者决定价格的上限。价格的高低能够影响消费者的购买意愿与售卖者的盈利情况:价格过高,消费者可能会放弃购买;价格过低,售卖者可能会出现亏损。

价值由消费者需求决定,一般与价格不存在直接关系,如果一个产品的功能能够满足消费者当下的需求,那么它就极具价值。相反,如果产品不能满足消费者的需求,无论价格高低,它的价值都无法显现出来。

价值与价格存在相互对比的关系,销售者重视价值的作用,让产品价值高于价格,能够有效提高消费者的满足度与忠诚度,从而可以提高复购率。复购率提高,对加盟者和被加盟企业来说都是一个好消息,想要追求复购率,加盟者就需要提高产品价值、降低产品价格,用价值大于价格的决策来吸引消费者。

二、价格低不代表价值低

好的产品,贵在价值,而不是贵在价格。轻加盟模式没有一味地追求高价格,而是选择让产品尽可能地发挥价值,所以将产品作为正品销售的同时,也授权加盟者可以将产品作为赠品售出。如果一件正品没有发挥价值,消费者就不会想购买第二次;而如果一件赠品发挥出价值,消费者则可能产生专门购买的想法。

产品的价值在于质量,质量好的搭售品和赠品同样具有得到客户认可的能力,让客户意识到高价值的产品可以通过低价格获取,就可以贴合其看重性价比的需求。轻加盟模式鼓励加盟者把产品作为搭售品,表面上降低了产品的利润,但是长此以往,产品的价值会被消费者发现,在带动加盟者主业发展的同时,也为搭售的产品获取了更大的市场。赠品的价值被认可后,如果消费者对赠品的功能产生需求,就会愿意花费财力去购买正品,也就可以为产品创造更大的销量,并获得相应的收益。

【案例】

某个新开的美甲店为了招揽客户,决定组织一次美甲展会,想要向消费者展示店铺员工的技术与优势。为了能够吸引客户,该店铺会在展会上赠送红酒,此时红酒的作用仅仅只是增加展会的吸引力。

在展会结束后,有很多客户都获得了店铺赠送的红酒,其中不乏许多爱酒人士,他们在品尝红酒后感觉体验不错,于是产生了购买红酒的想法,此时红酒本身的价值被认可,使得消费者愿意主动地去购买。

美甲店经营者在了解到客户对红酒的购买需求后,便将红酒作为正品开始售卖,无论是做美甲,还是销售红酒,都成为店铺收益的来源。

第四章

拒绝绝对标准，避免千篇一律

加盟仅仅是投资者选择的一种商业经营模式，如何经营加盟店的答案没有固定的模板，只要能够促进店铺的运营与发展，任何理念与方式都是可以尝试与实行的。轻加盟模式支持加盟店学习成功的经营模板，也鼓励加盟者采用自己的方案。店铺经营方案有很多，加盟者可以发挥助力作用，但不能阻碍创新。

第一节　可复制，但不是非复制不可

允许经销商加盟的企业通常会有很多加盟合作者，但并不是所有的加盟店都可以如同预想的那般顺利发展，必然有成功也有失败，为了提高加盟店的存活率，探究合适的运营方案势在必行。就常见的连锁加盟店而言，每个店铺的经营模式基本一致，完全不会考量单个店铺的实际情况，一旦固定的经营模式没有效果，就只能宣告失败。与传统加盟模式不同的是，轻加盟模式认为店铺运营可复制，也可以不复制，加盟商一方面可以复制成功的店铺运营模式，另一方面也可以根据加盟店实际情况创新运营模式（如图 4-1 所示）。

可复制，但不是非复制不可 → 复制是筛选式的学习

可复制，但不是非复制不可 → 不复制是灵活的创新

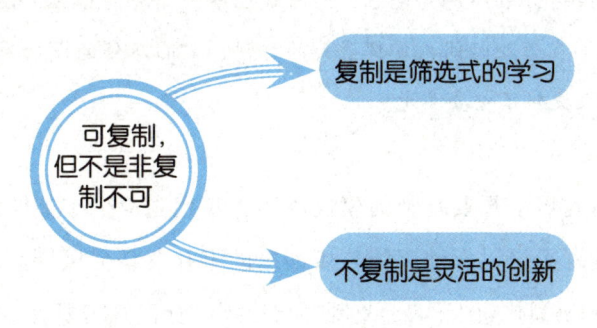

图 4-1　店铺运营的两种路径

一、复制是筛选式的学习

复制通常是指一比一地复刻,然而,在经济层面上,复制更像是一种认可与允许的学习,选择复制的一方应该筛选式地学习被复制方的有用之处。多个加盟店和一个被加盟企业共同组成一个体系,处于同一体系内的所有店铺经营的产品与品牌基本相同,如果经营环境与经营条件允许,店铺之间完全可以相互学习、模仿经营。

【案例】

某店铺在建立后白天的生意一直很火爆,但是到了晚上人流就会稀少,有部分员工表示既然晚上都没什么人,还不如早点关门结束营业。作为店铺的经营者,让其主动放弃晚上的盈利机会几乎不可能,在思考多次后,店长想到了参与云仓酒庄加盟这一方式。成为云仓酒庄的加盟者后,店长用从企业总部进购的产品补充晚上客流量较少的空缺,店铺白天做生意,晚上提供品酒场所。

该店铺的做法是一次成功的尝试,一位新的加盟者觉得该店铺的成功不是凭借运气,而是凭借出色的规划,于是开始学习该店铺的成功经验,最终也实现了白天与晚上经营错开的模式,让自己的店铺能够在营业时间内发挥最大的作用,前面店铺的成功为该店铺取得成果提供了重要参考。

加盟商确定了想要复制的模板店铺并不代表就一定能够经营好自己的店铺,没有人可以保证店铺与店铺之间不存在任何区别,所以模仿经营时提倡的是筛选式的学习。复制学习店铺经营模式需要有足够的基础,如果想要按照某个成功店铺的模式经营加盟店,投资者应该具备与之相近的经营能力、客户认可和运营成本(如图4-2所示)。

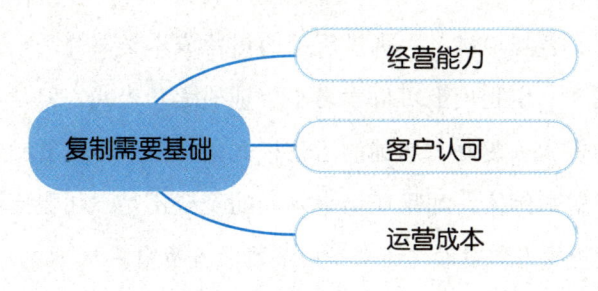

图 4-2　复制经营模式的三个基础

（一）经营能力

当一家店铺经营得很好的时候，就会吸引来不少其他同类店铺经营者进行模仿与学习，而决定复制一家店铺的经营模式后，投资者就应该分析自己是否具备全面的能力。想要复制店铺经营模式的投资者要仔细分析一下自己的能力，因为有些能力可以在短期内复制，比如产品的选取与陈列设计，而有些能力只能依靠时间的沉淀来总结与积累，比如经营者的管理能力与领导能力。

（二）客户认可

客户数量能够直接反映加盟店经营情况，店铺经营者想要复制其他店铺的经营模式，还需要考虑到自家店铺所在区域的客户是否也会为该模式"买单"。很多时候，不同区域的客户的实际需求层次并不相同，如果想要复制一家店铺的经营模式，就需要选择与自己所处情况相似的复制对象，跨度太大的容易复制失败。总而言之，处于同一系统内的店铺想要互相学习复制，还需要清楚各自的情况，保证所面向的客户能够接受自己的复制。

（三）运营成本

经营相似产品的店铺之间存在彼此复制的可能，并不代表任何店铺都可以学习成功案例，毕竟不同店铺之间的规模也是影响运营模式的重要因素之一。客观地讲，大规模店铺的运营成本必然高于小规模店铺，所以大店铺在一定程度上可以学习小店铺的运营模式，但是小店铺通常没有足够的资本去复制大店铺的运营模式。运营成本是复制经营行为之前必须要考虑的因素，如果能用来复制的资金不足，加盟店不仅不会按照加盟商预想的方向发展，还会平白浪费成本费用。

二、不复制是灵活的创新

轻加盟模式认为复制与不复制都是加盟店可以选择尝试的一种方式，在条件允许的情况下可以选择复制其他店铺的经营模式，但是如果条件不满足或者经营者有自己的想法则可以选择不复制，而是采用个人独特的方案来经营店铺。

【案例】

某饭店为了进行促销活动、吸引顾客来店就餐，选择加盟云仓酒庄，将红酒作为吸引客户的赠品的同时，也将红酒销售视为一种延伸的店铺业务。从加盟店铺到制订策略都是店铺自行设计与安排的，云仓酒庄并没有进行干预，该店铺经营者有自己的想法，没有复制其他成功店铺的经验做法，而是创新了促销方案。

该饭店的具体措施为只要是到店进餐的客户，以桌为单位，每一桌赠送一瓶红酒，无论是2个人一桌，还是8个人、10个人一桌，都是一桌一瓶。店铺的规模决定了促销的成本，不会因为客流量而变更成本预算，最大的成本界限是所有饭桌都有顾客，即使如此也不需要有过多的支出。

饭店赠送的红酒如何处理，一切都由消费者自己决定，是在店里品尝还是带走，店铺都不会进行过多要求与规定，送出去的红酒是消费者的所有物，这种做法能够帮助饭店用较低的促销成本换取

> 消费者的高度认可与评价。
> 　　一桌赠送一瓶红酒表面上是一种福利与优惠，实际上也很容易成为客户消费的诱因，当客户将赠送的红酒饮用完后，如果意犹未尽就可以向饭店购买第二瓶，甚至更多。

该饭店的红酒赠送促进策略对消费者和店铺来说都是一件有利的事情。消费者可以享受首瓶红酒免费的福利，如果发现红酒很对自己口味，也可以用优惠的价格直接购买；店铺能够用较低的促销成本吸引消费者注意，同时也可以用红酒物美价廉的特性来增加消费者对店铺的忠诚度与好感度，维持客户黏性。

现如今，网络与信息技术快速发展，消费者对新鲜的事物需求量较大，为了能够吸引更多的消费者，加盟店就应该尽可能地创新。如果没有合适的复制对象，还要一味地模仿学习，加盟店注定不会长久，反而可能会引起消费者的反感。加盟店可以创新的方面有很多，包括店铺装潢、服务特色、产品组合等，这些内容可以单一改变，也可以综合改变，只要符合店铺实情，都是可以进行尝试的（如图4-3所示）。

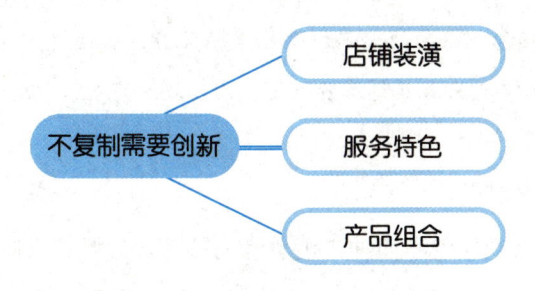

图4-3　创新经营模式的三个方面

（一）店铺装潢

优秀的店铺装潢可以为消费者留下深刻的印象，很多新奇的店铺装潢成为吸引消费者的一大特色，如果加盟店经销商能够将自己的店铺装修成符合大众偏好且独具特色的风格，往往能够收获新的客户。好的店铺装潢能够提高消费者的体验感，当消费者满意店铺的装潢风格时，店铺能够提供给消费者的就不仅是产品与服务，还可以给予消费者情绪价值。

【案例】

近来我发现家附近有一家奶茶店客户流量很大，店铺的店员表示，这些客户有些是老客户，也有一些是老客户介绍来的新客户，还有一部分是路过店铺时被装修风格吸引来的新客户。

在向店员进行了解后，我也在店铺内分别寻找了三类客户中的一位客户代表进行询问，依次发言如下：

老客户："这家店给人一种温馨的感觉，氛围很不错。"

经介绍而来的新客户："朋友推荐我过来感受一下公主风，这里确实让我觉得十分舒适，以后会多来的。"

被店铺装潢风格吸引的新客户："刚刚路过这家店，在外面看着粉粉嫩嫩的，很想进来感受一下。"

听完三位顾客的发言，我也仔细观摩了一下店铺的装修风格，店铺主体颜色是粉色的，不仅有轻柔的纯音乐，还有熏香散发出淡淡花香，只要进来就觉得消费是值得的。

（二）服务特色

随着不断有新颖的东西冲击消费者的感官，想要真正地吸引消费者，各类店铺都在积极地展开创新，越是新鲜有趣的服务特色，往往越能够得到消费者的青睐。产品功能饱和、服务越发周到导致同类店铺之间难以区分，很多加盟店都无法保证有稳定的客户资源，仅仅依靠新客户显然是不稳定、不可控的，所以店铺经营者或许可以从服务特色方面入手。

【案例】

很多年前，修鞋匠遍布城市各个角落，为消费者提供便利的修鞋服务。近年来，有修鞋需求的客户数量减少，与此同时也出现了不少有洗鞋需求的客户。然而，大众的洗鞋需求增加，却不能忽略仍然有少数群体有修鞋需求，现在很多洗鞋店和修鞋店的价格都比较高，诸多消费者想要消费却又舍不得。

金某目前经营着一家洗鞋店，面对客户整体数量不佳的情况，他并没有气馁，而是一直思考破局的方法。在一次外出时，金某无意间了解到现在仍然有不少客户想要修鞋，但是又害怕太贵，这便激发了他的创新思维。

在经营洗鞋服务的同时，金某表示对于可修复的鞋体问题，可以根据客户洗鞋次数进行打折服务，也就是说洗鞋频率越高，修鞋项目费用就越低。这样创新的服务对客户和金某来说是一个双赢的选择，客户可以用越来越低的费用换取洗鞋与修鞋服务；金某则可以通过新颖的服务特色为自己的店铺吸引更多客户。

（三）产品组合

产品因为具有服务价值而存在，单个产品具备的功能是有限的，单个消费者的需求往往需要多个产品组合起来满足，根据这一情况，店铺经营者便可以选择用合理的产品组合来吸引与稳固客户。良好的产品组合策略，既可以提高店铺的知名度，又能够最大限度地满足客户需求，是店铺经营过程中必须掌握的一门学问，店铺经营者想要让自己的店铺走得更远，就需要设计一些不错的产品组合。

【案例】

沉迷于游戏的未成年人越来越多，很多学生因为花费太多时间在游戏中而影响了自己的学习成绩，这一现象引起了诸多家长的不满，因此多款游戏遭到抵制。

一家游戏软件开发公司想要研发一款学生喜欢、家长满意的游戏，于是对学生与家长这两个群体的意见进行了比较深入的了解与分析。学生喜欢游戏的娱乐感，而家长希望游戏也可以让孩子学到知识，将两者的期望进行综合，该企业决定开发一款游戏与教育组合的产品。

最终研发出的游戏详情如下：

1. 游戏属于通关竞技类游戏；

2. 玩家每通过一个常规关卡，就需要回答一道知识类题目方可解锁下一关卡，同时可以获得下一关卡可能会用到的道具；

3. 随着游戏关卡难度的提高，知识类题目的难度也适当升高；

4. 游戏综合了娱乐与益智的特点，旨在让玩家在放松的状态下有知识收获。

这款游戏一经推出，凭借着创新的娱乐与教育组合形式吸引了不少未成年玩家。与此同时，在了解到游戏详情后，很多家长都开始主动将游戏推荐给自己的孩子。

第二节　适合的，才是最好的

选择加盟的店铺有很多，不同的店铺所处的销售区域、竞争环境有所不同，适合的经营方式也不同，不必要求所有的加盟店都做到一致，追求非标准化的市场竞争更加适应于当前大环境。轻加盟模式为加盟投资者提供了广阔的发挥空间，与店铺相关的经营行为的选择都是自由的，只要是适合加盟店当下经营情况的，那就是可行的。标准化店也好，卫星店也罢，客户满意、店主能经营就是合适的。用标准化与自由化相结合的方式，更容易实现多角度覆盖的客户服务。

【案例】

大部分原有店铺选择加盟云仓酒庄后，都是将产品作为赠品来助力主业的发展与运营的，某地区的一家彩票店却选择相反的做法，他将红酒作为正品、彩票作为赠品来销售。之所以选择这样分配红酒与彩票的角色，是因为该店铺处于常住居民年龄偏大的县城小区附近，周边的消费者都是年龄较大的叔叔阿姨们，他们对彩票这类产品没有特别强烈的购买欲望。

红酒是很多中年人的喜好酒类，某些代理彩票店，本身也销售其他产品，该彩票店为了促销店内的彩票，看准了附近居民对红酒的追捧，于是选择加盟云仓酒庄。彩票店采取的措施就是卖红酒送

> 彩票，消费者购买一瓶红酒就可以得到店铺赠送的 10 元面值彩票。对消费者而言，如果能够中奖，便是一件值得开心的事情，因为在享受美酒的同时还刮出了奖；如果不能中奖也不会有损失，毕竟彩票只是赠品，自己还是可以享受到美酒的。

对于大部分店铺而言，将红酒作为赠品是为了促销原有产品，同时也是为红酒增加热度，但对于案例中的彩票店来说，其所在区域的消费者对红酒的认可度远超于彩票，此时红酒作为正品不仅可以提高彩票的吸引力，还能够提高红酒在消费者心目中的地位。

一、经营模式要选合适的

功能相同、样式相似的产品比比皆是，依靠产品功能吸引客户未必可行，因此，加盟店可以尝试通过改变经营模式来增加新颖度，从而引起消费者的好奇心，并将其转化为消费动力。经营模式对加盟店来说非常重要，能够帮助店铺开拓目标市场、实现产品促销、彰显个性服务、提升竞争力和降低经营风险，但要注意加盟店的经营模式不一定要选热度高的，而是要选合适的（如图 4-4 所示）。

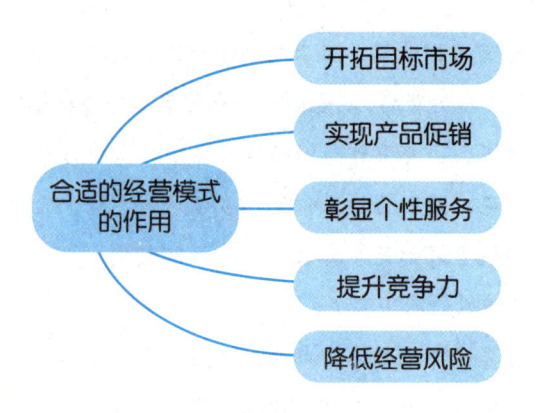

图 4-4　合适的经营模式的五个作用

（一）开拓目标市场

一套有效的运营模式可以帮助加盟店开拓目标市场。店铺首先需要确定受众群体、产品定位及营销推广渠道等，之后应该准确地把握消费者的实际需求，为消费者提供期望的产品或者服务，从而实现目标市场的逐步开拓。

（二）实现产品促销

加盟店的经营模式是否合适决定了产品是否能够得到更好的售卖，直接影响着店铺的收益及未来。加盟店管理者可以设置合理的激励机制，鼓励自己的客户成为"代理"，稳固客源的同时，也增加了产品销量。同时，加盟店还可以设置客户关系档案，并根据不同客户的需求提供对应的引导服务，以此提高店铺产品的复购率。

（三）彰显个性服务

加盟店的经营行为中包括服务，灵活的经营模式可以根据市场环境与客户需求提供个性化服务。不同的加盟店可以选择不同的经营模式来匹配所营销产品的特色与功能，相同的产品能够在不同的店铺搭配不同的服务，从而促进店铺的差异化竞争的进程。产品功能如果只能满足消费者的基础需求，消费者的满意度就只停留在产品上，在消费过后完全可以去其他店铺购买同类产品。个性化服务能够满足消费者的高层次需求，消费者的认可会从产品转移到店铺，能够增加消费者在加盟店的复购率。

（四）提升竞争力

有效的经营模式必然是贴合加盟店本身特点的经营策略，在经营过程中的具象化，可以帮助店铺在激烈的竞争中稳住市场地位。市场的竞争越来越激烈，加盟店想要站稳脚跟就需要不停地优化经营模式，单一地依靠学习与复制无疑是将自己的命运寄托在别人身上，选择适合自己的经营模式才是关键。学习与复制来的经营模式很容易被竞争对手勘破实质，通过尝试与分析形成的经营模式才是属于加盟店自己的东西，也更经得起市场竞争的冲击。

（五）降低经营风险

选择应用合适的经营模式可以帮助加盟店降低经营的风险，能够保证所投入的成本有较高的利润转化率。店铺在自我探索与总结经营模式的过程中，能够更加细致入微地了解店铺的实际情况，也就可以更好地应对外部市场环境的变化，降低经营的风险。

二、如何选择合适的

选择适合加盟店的经营模式，就需要从加盟店本身出发，发散性地了解与总结与之相关的方方面面的信息，这样归纳出来的方案与加盟店的经营情况更加匹配。店铺的实际情况、店铺经营的产品、店铺服务的客户、店铺所处的市场与店铺遵守的法规都是一个加盟店设计与选择运营模式的过程中需要重视与明确的信息内容（如图4-5所示）。

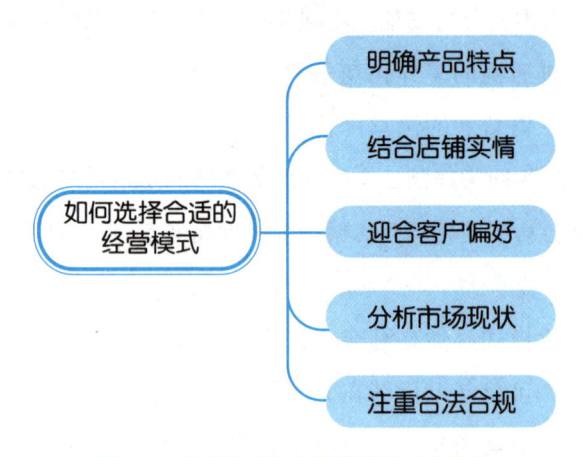

图4-5　选择合适的经营模式的五个关键

（一）明确产品特点

评估店铺售卖的产品具有哪些功能、适合怎样的宣传方式、能用什么途径进行推广等。以推广销售渠道为例，一些具有社交作用的产品，例如茶、酒等，比较适合通过人与人之间的沟通与交往来推广；一些消耗量大的日用品，例如纸巾、零食等，则比较适合通过线上或线下渠道直接销售。

（二）结合店铺实情

加盟店选择的经营模式需要依靠店铺本身的资源来实施，没有资源基础，再完美的经营计划都只是美好的幻想。店铺的实际能力决定了店铺能否将预想的经营模式落到实处，所以加盟店投资者如果想要按照自己的计划经营，就需要结合店铺的实情来制订经营策略。

（三）迎合客户偏好

加盟店铺如何运营不能仅靠经营者的主观判断，而要取决于客户的真正需求，客户喜欢或享受什么样的运营模式，店铺经营者就应该尽力向这个模式去靠拢。对于打算实现运营模式创新的加盟店而言，在确定目标受众后，经营者就需要进一步了解客户喜欢的运营模式，增加客户的良好体验感。

（四）分析市场现状

千里马也无法在泥泞之地肆意奔驰，无论多么华丽的运营模式方案，在市场现状不能支持的情况下也无法实行，所以加盟店经营者还需要根据市场现状确定运营模式的合理性与可行性。所谓市场现状，不仅包括前面提到的消费者偏好，还涉及竞争对手的实力。加盟店经营者如果可以较为清晰地了解到竞争对手的实际能力，对后续的发展便可以更有把握，从而能够明确最有效的运营模式。

（五）注重合法合规

所有创新的、有效的运营模式，都有一个必须要满足的前提条件，那就是合法合规，加盟店的经营者首先应该是一个遵纪守法的好公民。作为一个店铺的创始人与负责人，理应承担起自己的责任与义务，了解店铺相关的法规要求必不可少，以此避免不正当行为与非法经营行为的出现。

第三节　既是经营者，也是培训者

作为轻加盟的合作者，任何一个店铺加盟商都有机会创新运营模式，对于适用范围广的创新方案，总部非常乐意其成为其他店铺学习的模板。如果模式创新者愿意分享与讲解自己的创业经历，便可以从经营者转变为培训者，通过细致的讲解来帮助其他伙伴深入理解自己的经营理念。经营者与培训者的身份并不相斥，经营的同时培训他人能够优化运营方案，培训的同时经营自己能够加深创新思考（如图4-6所示）。

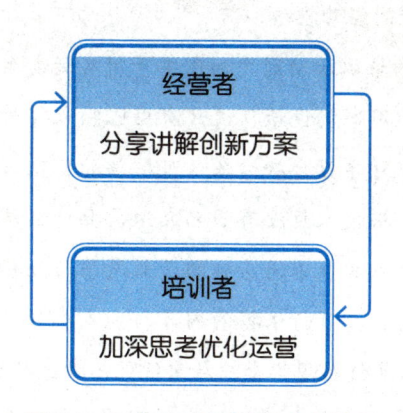

图4-6　经营者与培训者的身份转换

一、培训没有标准化要求

加盟店无法预知后续的经营与发展情况，相对应的培训也就无法判断什么样的模式会更有效果，轻加盟模式认为培训不需要有标准化的要求，只要是有成果的模式都可以成为培训的模板，过于标准化的要求反而会限制培训的空间。加盟是一个精英汇聚的商业模式，不能忽略任何一位加盟商的能力与创意，拒绝培训标准化，就是为了鼓励更多创新模式的产生。

【案例】

某家企业按照标准化要求组织培训，每一次培训都一成不变地按照流程以培训人员所认为的有用的培训方式来进行培训。在实际培训时，培训人员不仅会用大量时间讲解理论知识，在列举案例时也总是重点剖析大规模店铺的成功细节，使得很多规模与实力不够的店铺无法应用其中的技巧，不仅没有起到培训的效果，还有可能扰乱诸多学习者的经营思路。

云仓酒庄的培训活动则更加侧重于用实际发生的案例作为培训内容，即强调"用事实说话"，只有用已经取得效果的店铺作为教学模板，才可以让学习者从心底认可培训的价值与意义。在选择培训模板的时候，培训人员没有明确表达需要什么层次、什么规模的店铺，而是将重点放在不同店铺的营业思维与经营历程上，只要是有用的、创新的、有可行依据的内容与观点，都可以被放进培训文件中，不会因为店铺的规模小、层次低就不考虑其价值。

在参与云仓酒庄培训的过程中，很多学习者表示收获满满，自己不仅可以了解更高层次店铺的经营模式，还可以发现小店铺也有大能力，如果说大规模、高利润的店铺是众多加盟商的发展目标，那么小店铺就是激励他们进步的动力。云仓酒庄的培训没有标准化要求，所有有学习需求的加盟商都可以参与培训，所有规模和层级的店铺，只要有优秀的成功经历或创新观点，都可以成为培训的模板店铺，在扩大学习者可学习范围的同时，也极大地鼓励了加盟体系中的不同规模店铺的参与。

（一）什么是非标准化要求

标准化是指在一定的范围内，通过既定的要求来促进事件的进程能够稳定运行，旨在运用合理的规定、制度等手段规范行为。非标准化要求与标准化要求不是绝对的相反，标准化的特点是参与性、权威性、系统性和科学性，但是却不能认为非标准化就完全不具备这些特点。

首先，参与性是指让经销商在分享销售经验时各抒己见，非标准化要求没有固定的制度规定，与标准化要求相比，非标准化要求更加自由，同时也尊重任何成员的意见，所以同样具备参与性。

其次，非标准化要求只是不强调遵守已有的具有强制性的规则，加盟成员提出的意见如果具有可行性，依旧可以被采纳，而被采纳的意见都是经过大众讨论认可的，所以不可否认其具有权威性。

再次，系统性这一特性的要义是协调与处理标准化对象之间的关系，因为非标准化要求更加自由，通常没有系统的流程，所以一般不具备系统性。

最后，非标准化要求是区别于标准化要求的一种形式体现，最终形成的决策只要能够投入使用，就一定具备科学性。

总而言之，非标准化要求最突出的特点就是自由性，但并不是绝对的自由，是在一定的范围内不受限制，其目的是让参与者充分地发散思维，从而抉择出最佳的方案战略。

(二)非标准化要求培训的体现

对经销商进行培训没有标准化要求,不会规定谁必须培训、谁必须被培训,只要做得好,就可以成为培训模板。轻加盟遵循的是既鼓励又培训,强调正能量跟随,而不是压迫。非标准化要求的显著体现就是没有固定的培训者与学习者,培训模板不必一定复制,强调吸引而不是压迫(如图 4-7 所示)。

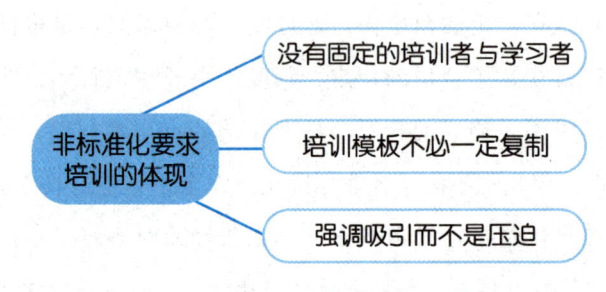

图 4-7 非标准化要求培训的三个体现

1. 没有固定的培训者与学习者。

轻加盟模式允许每一位加盟者自由地经营店铺,只要不影响产品的名誉,任何运营方案都是被允许的,对于适用范围广的策略,可以选择分享出来便于其他经销商学习。涉及店铺经营的内容有很多,一个店铺能够成功必然是因为各方面没有明显缺点,所以可以被学习的地方有很多,学习者可以根据实际需求展开选择性的学习。同时,没有一个加盟商可以保证自己的运营方案一直有效果,今天自己是培训者,那么明天就有可能要从其他店铺学习技巧。培训者在讲解自身优势的时候应该详细地表述信息,旨在让更多的伙伴了解到,除去培训者身份之外,也应该及时地优化店铺运营方案,随时学习其他店铺的优点。

2. 培训模板不必一定复制。

轻加盟模式鼓励优秀的店铺积极成为培训模板，这不是为了统一加盟店的运营模式，而是为那些没有目的、没有方向的加盟店提供可以学习的内容。经营相同产品的加盟店有很多，如果都按照一个模板学习，那么与传统的连锁加盟便没有区别，而轻加盟之所以能够得到很多投资者的青睐，就在于其随性简洁的特点。在诸多的加盟者中，有想要模仿经营的，也有想要自我创新的，如果有自己的想法与设计，总部总会给予支持与鼓励，因为这样不仅能够拉近与加盟者的距离，还有可能丰富培训文件的内容。

3. 强调吸引而不是压迫。

在轻加盟的模式系统中，无论是大店、小店还是总部，每个店铺的经营者都是平等的合作关系，不存在谁要求谁、谁规定谁，总部强调的是吸引加盟者加深合作，而不是压迫加盟者的利益。加盟者可以根据自身意愿选择成为培训者或者学习者，如果有自己的安排，也可以选择不参与培训活动。总部在轻加盟模式中发挥的作用是为加盟者提供便利，是通过后台的重服务来轻化加盟者前台的运营，从而能够吸引越来越多的投资者成为加盟商。

二、鼓励经营者成为培训者

经营者可以成为培训者，但中间需要有一个自然的过渡过程，就如同懂与教是两个维度的概念一样，一个满腹经纶的人才不一定能够把有用的内容很好地讲述出来。总部想要让加盟伙伴成为模板的培训者，首先应该确定对方是否具备培训的能力，为了鼓励经营者提高个人培训能力，总部应该做的就是认可模板、奖励激励和同等交换（如图4-8所示）。

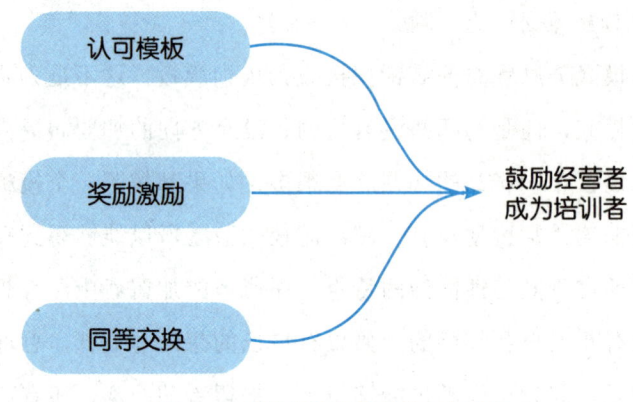

图 4-8 总部激励经营者的三个重点

（一）认可模板

加盟店经营者不仅是总部企业的合作者，还是一个具有独立思想的个体，与总部相比，经营者更加了解自己店铺的实际情况，能够保证决策的正确性。对于加盟店提出的不同以往的经营模板，总部首先应该认可对方的模板，只要是有效果的经营方案，都可以被纳入培训的模板库中。加盟者的经营方案一定是在投入应用后才能确定效果，但是他们更多的是只知晓这个方案对自己店铺的作用，不能确定是否对其他店铺也有效果，这时总部应该先行确定方案的适用范围，并及时回馈给方案提出者。

（二）奖励激励

在经营之余提供培训是一件很费精力与时间的事情，尽管轻加盟模式下的多个加盟商之间会保持良好的合作关系，但是想要经营者无报酬地付出显然不合情理。如果想让经营者愿意成为培训者，总部作为培训的组织者就应该承担起激励的责任，而对经营者最有吸引效果的无非奖励。

能够起到激励作用的奖励主要分为两类，分别为精神奖励和物质奖励。精神奖励主要包括语言奖励和荣誉奖励，如言语表扬属于语言奖励，锦旗表扬属于荣誉奖励。精神奖励能够提供情绪价值，鼓励加盟者向更加自信的境界发展；物质奖励大多较为直观，如奖金、奖品等，可以为加盟者带来直接的经济利益。

（三）同等交换

经营者同意作为培训者参与培训活动，是希望在分享经验的同时，也能够收获对自己有利的信息内容，如果能够将其他经营者的有用经验作为交换，便可以吸引更多的经营者参与培训。培训活动的目的是传授经验与技巧，并不是手把手地教对方怎么经营店铺，所以培训活动在另一种意义上是诸多加盟者之间的交流探讨。

第四节 向有结果的案例学习

能够支撑起加盟模式运营的企业，大多规模较大、客户较多，可以吸引越来越多的投资者参与加盟。轻加盟模式的成功率较高，但也不能保证所有的加盟者都可以成功。传统加盟比较个人化，轻加盟模式下的加盟商联系更加紧密，是因为总部为其提供相互交流的平台。总部鼓励各位加盟商互相学习，加盟商要做的就是正确选择学习模板，要向有结果的店铺学习，从成功的案例中发现关键。

"向有结果的案例学习"，"有结果"便是经销商选择学习对象的关键词，并不需要拘泥于大型店铺或者同层次店铺，任何店铺的成功都具有一定的技巧性，说不定就可以提炼出来为己所用。每一位加盟经销商都是渴望店铺蒸蒸日上的生意人，更应该明白"学无止境""学无常师"的道理，在汲取经验与技巧的过程中，任何成功的店铺都可以成为学习的案例与模板。

再一次回归本题，加盟经销商始终需要铭记的原则是学习有结果的店铺，而不是主观地认为某个店铺案例可行就去尝试，在研发者都没有取得结果的时候并不能轻易尝试。每个加盟店提出的方案都是基于自己店铺实情的，如果结合店铺实际情况都无法取得结果，那么其他加盟经销商在不确定自己店铺实情是否与该方案匹配的情况下还去贸然尝试，便是莽撞行事，很难取得成果。

  轻加盟模式下的加盟商更加自由，相对应地，培训也更加灵动，组织培训活动的前提是确定培训模板，即受培训者要成为什么样，而轻加盟模式培训的灵动便体现在培训模板不固定上。加盟商如果自己没有经营的标准方案，就可以选择接受培训，哪些店铺做得好，便自动成为培训模板，加盟商可以自由地确定学习模板或者筛选部分经验留着自用，总部不会强硬要求加盟商必须效仿某个模板。

一、实际案例更具启发性

  之所以强调要案例教学，是因为出现在培训活动中的案例都有成功店铺的实际经历，比起虚无缥缈的理论讲解，用案例来证明可行性更加直观，也能得到更多加盟经销商的认可。使用案例进行培训不仅可以简化培训内容，加深受训经销商的理解，还可以帮助培训者更快地进入状态，提高培训效率。

  具体来说，案例教学有以下三个优点（如图4-9所示）。

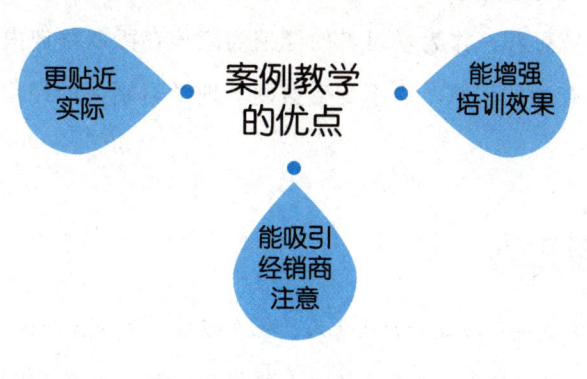

图4-9 案例教学的三个优点

案例教学更贴近实际：案例有时候高于实际，但是必然来源于实际，用案例讲述观点能够使培训内容更加贴近实际，经销商可以结合实际情况进行理解，从而降低培训内容的难度。

案例教学能吸引经销商注意：用来作为培训内容的案例都是培训者自己组织与归纳的实际事件，不仅包含店铺运营技巧，还可以穿插运营过程中的不少细节流程，能够引起经销商的好奇心，从而保证培训的顺利进行。

案例教学能增强培训效果：参与培训活动的经销商大多是迫切寻找经营方案的店铺负责人，他们更加关注方法的可行程度，实际案例会直接告知对方方案的实用技巧，从而增强培训效果。

二、为何说"教就错"

职场不是学校课堂，手把手的教学并不适用于职场当中，在加盟模式中也不例外，培训只能发挥引导的作用，不能指挥经销商的行为，所以说"教就错"。各位经销商应该将总部组织的培训活动视为一次学习经验、交流心得的分享会议，作为培训者的经销商只需要讲述自己的成功经验与运营过程，作为学习者的经销商应该在听取培训内容后从中筛选出对店铺有利的信息，而不是生搬硬套地学习别人的经营方案（如图4-10所示）。

【案例】

于某是一位很成功的生意人，他在短短几年内就开设了多家店铺，因为门店较多，于某无法一人经营与负责，所以为每个店铺都招聘了一位店长和几名员工，为了让店铺发展得更好，他还会不定时地举行培训活动，旨在为店铺指明发展方向。

在经过多次培训后，于某发现很多店铺也没有任何起色，这让他很懊恼，对自己产生了怀疑，于是向自己的父亲吐露烦恼。其父亲在听后表示他组织培训活动没有错，但是想要将自己的想法与认知强行灌输给别人却不是一个明智之举，并鼓励他多去了解一下外面的世界，看一看别人是如何进行培训的。

于某听从父亲的建议后，开始"走街串巷"，一次偶然的机会，他和朋友参加了云仓酒庄的培训活动，学习到了一个很重要的概念——"教就错"。培训活动是为了给学习者提供筛选式学习的机会，而不是要求学习者一定要按照培训者的思维与想法行事。

得到启发的于某认真反思了自己以往的培训行为，发现自己总是认为可以教会员工进行店铺经营，反而忽略了员工自己的意识。在后续的培训中，于某便不再一味向员工灌输自己的想法，而是列举出很多成功的店铺案例，让员工自己思考与选择。在这样自由又有作用的培训下，于某名下的多家店铺大部分都得到了良好的发展。

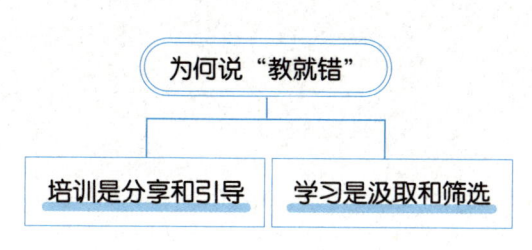

图 4-10　培训教学的实际作用

（一）培训是分享和引导

经销商带着自己的成功案例培训其他经销商，其目的在于启发，让更多的人开拓经营思维，能够有方向地去设计或创新自己店铺的运营方案。

成为培训者的经销商的任务只有两个，分别为分享与引导。第一是分享，培训者可以分享自己的成功案例，用实事实说话；第二是引导，培训者可以将案例与理论相结合，引导学习者在学习的同时主动地深入思考。

（二）学习是汲取和筛选

学习者参与培训是为了挖掘对经营店铺有用的信息，其目的在于发现，希望可以从别人成功的案例中总结出运营店铺的技巧与经验。

作为学习者的经销商的任务也是两个，分别为汲取与筛选。第一是汲取，培训者的案例能够被总部认可成为培训模板，必然是诸多加盟者中的佼佼者，一定有别人可以学习的地方，学习者应该及时记录并汲取；第二是筛选，对培训者来说，实际案例中的内容都是有利信息，但是对学习者而言不一定全部适用，不同的店铺处于不同的市场环境，面对不同的竞争情况，所以经销商更偏向于结合店铺实情进行筛选式的学习。

第五章

服务成为轻加盟的主攻方向

　　加盟是一种双赢的商业模式，受到不少投资者的青睐。加盟的形式有很多种，轻加盟便是其中热度较高的一种，而轻加盟最能吸引经销商的当属服务。当加盟成为商业经营的狂热之选时，增强后台服务便成为主攻方向。轻加盟模式的突出特点就是重后台服务，所以才可以吸引到越来越多的投资者参与加盟。

第一节　管理是轻，服务是重

前面强调过要轻管理，这里就要强调重服务，总部能够为经销商承担的服务量越重，经销商的压力就会越小，店铺就越容易做起来。轻加盟主张尽可能地便利经销商，作为总部的合作者，经销商能够安心地经营自己的店铺，不会受到其他外界因素的过多干扰，因为总部会将更多的服务量承担下来。很多企业的加盟经营者不仅需要负责销售产品，还需要关心产品的配送、仓储、生产等，而选择参与轻加盟模式的经销商便没有这些困扰。

一、管理如何轻、怎样轻

轻加盟模式遵循的轻管理原则是适当地减轻对加盟店铺的管理力度，但不是完全不管，所以如何把握轻管理的程度很关键，相关的决策与行动都需要张弛有度。管理理论提倡从需要管理的内容核心出发，围绕发展目标，分析管理中的"重"与"轻"，总部选择轻管理的目的就是减少对加盟店的束缚，让其更加自由地运营与发展，促进加盟体系内的"百花齐放"。

【案例】

云仓酒庄的加盟店形式有很多，有小店、大店、店中店等，不同店铺的规模不同、经营方式不同，酒庄总部对这些店铺的态度就是差异化的轻管理，即根据不同店铺的实际需求提供适当的管理。

小店规模小，没有标准化要求，相比之下更加自由，云仓酒庄对其的管理一般只停留在行为监督之上，对于小店的一些不正当行为进行及时制止。

大店功能多，需要按照一定标准建店，因为承担的工作多而复杂，所以需要云仓酒庄帮助管理的内容就更多。企业总部很多时候不仅需要督促店铺工作，还需要适当地帮助店铺管理多项工作。

店中店结构新奇，如何经营店铺、销售产品是经销商自己的事情，云仓酒庄不会进行干预。在判断店铺是否需要帮助管理时，店铺经营者的个人意愿是首要考虑因素，如果对方不需要企业的帮助，酒庄总部就不会做出任何的管理行为。

不同类型的加盟店需不需要云仓酒庄的协助管理，主要是由店铺经营者说了算，在未收到店铺经营者的求助之前，云仓酒庄的管理工作主要是提出建议，而不会体现在具体行动中。

轻管理理论是在原有的管理理论基础上，结合轻加盟模式的理念进一步完善细节，使得总部对加盟店的管理在不断做正确的减法，在适度管理的同时，成为加盟店发展的助力。作为加盟商背后的助力，企业总部在轻管理之后的任务应该包括管理加盟店不能管理的、不愿管理的和忽略管理的（如图 5-1 所示）。

```
企业总部的     ┬── 管理加盟店不能管理的
管理任务      ├── 管理加盟店不愿管理的
            └── 管理加盟店忽略管理的
```

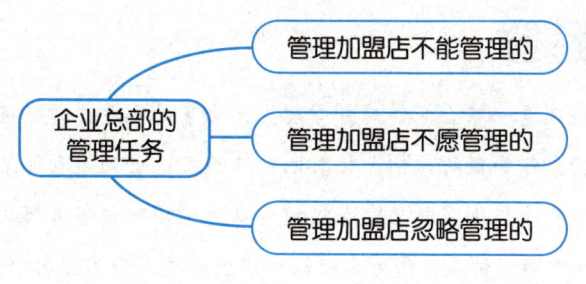

图 5-1　企业总部的三项管理任务

（一）管理加盟店不能管理的

企业总部与众多的加盟商表面上分别经营着不同的店铺与生意，实质上却是有"一荣俱荣、一损俱损"的紧密联系。作为整个合作体系的中心者，企业总部为了能够综合地促进自身与加盟店的发展，会选择着手管理参与加盟的店铺，但伴随着管理，也容易出现相应的问题。现如今，企业总部在管理上经常出现的问题是两个极端，分别是过重与过轻：所谓过重就是管理得过于烦琐，增加自身工作量的同时也阻碍加盟商的经营；而过轻就是管理的内容过少，会给加盟店遗留一些难以解决的问题。

在轻加盟的模式体系中，因为一直强调轻管理，所以管理过重的问题基本不会出现，那么问题就集中在管理过轻之上。加盟店的管理能力与店铺规模大小、店铺经营时间息息相关，与大规模、经营久的加盟店相比，开设不久与规模较小的店铺明显管理能力不足，如果总部都采取相同的管理力度，那么后者就会被无法解决的管理问题阻碍经营与发展。总而言之，企业总部对加盟店的管理力度应该具有差异性，根据不同店铺的管理能力采取相应的管理策略，帮助加盟店铺管理所有自身不能管理的内容。

【案例】

包经理是一家企业的对外管理者,负责的主要工作任务就是规划与管理合作加盟的店铺,帮助他们从稳定运营到盈利发展。随着市场大环境的变化,包经理感觉到自身的管理知识不太够用,于是一直参加不同的讲座,同时发现轻管理理念是一个不错的方向。

在应用轻管理理念的初期,包经理由于对其内涵认知不到位,盲目地认为尽可能少的管理是正确的,于是对很多加盟店都放弃了管理。当然,这种轻管理让诸多的加盟者感觉到轻松,并且开始尝试按照自己的创新思维经营,其中有不少店铺取得了不错的效果。

就在包经理为自己的"正确"决策而开心的时候,上级领导将一份新兴加盟店的经营数据展示给他看,包经理惊诧地发现这些店铺的经营效果明显有问题。经过一番了解与分析,包经理才发现自己犯了一个重大错误,对于这些新兴的店铺而言,不管理就如同卸去了帮助,经营者们不得不被动地适应诸多压力,导致店铺经营不佳。

面对这样的情况,包经理决定详细地归纳每个店铺的实际情况,根据不同店铺的不同管理能力选择轻管理的力度,后续多个店铺的经营终于步入了正轨。

(二)管理加盟店不愿管理的

轻加盟模式中,企业总部对加盟店的管理不同于传统意义上的管事理人,更多的是帮助加盟店加强管理。在传统的管理中,总部往往占据主导地位,但是在轻加盟模式的管理中,总部主要充当"助理"的角色。作为加盟店运营与发展的一大助力,企业总部不仅要帮助加盟店管理不能管理的内容,还应该适当地管理对方不愿意管理的内容,因为大多数加盟店不愿管理的内容都比较耗费精力。轻加盟模式希望所有的加盟商都可以专心经营自己的店铺,总部的作用是减轻加盟者的工作任务,所以对于合理的管理内容，总部也愿意帮助加盟店去处理。

【案例】

E店是某大型企业的加盟合作店铺，这家店的规模并不算很大，但是所处区域客流量很大，受规模限制不能招聘太多的员工，面对庞大的客户数量，难免会有些工作难以兼顾。该企业在业内拥有很好的声誉，其中一大原因就是良好的客户关系，企业一直很重视对客户的后期维护。E店的经营者与员工白天工作量很大，只能在夜间加班归纳客户资料，而联络客户获得反馈必须在白天进行，这让他们倍感疲惫，导致工作积极性有所下降，如此在无形之中流失了不少客户。

对于E店内部员工而言，后期的客户维护工作不是不能做，而是不愿意做，因为他们不得不牺牲更多个人时间来完成。基于当下的情况，企业决定将E店的客户管理工作交由总部处理，如此一来，一方面企业掌握了更多的客户信息，另一方面加盟店的员工也可以安心工作，属于是两全其美。

（三）管理加盟店忽略管理的

想要经营好一家加盟店，并没有常人眼中那般简单，是需要付出诸多的心血与精力的，然而只有努力还远远不够，能够保证店铺良好运营的关键是经验。与企业总部相比，加盟商经营店铺的经验明显偏少，甚至大多数的新兴店铺经营者的经验几乎没有，能够运营好基本业务已属不易，所以难免会存在一些忽略管理的地方。授予加盟商经营加盟店的权利后，企业总部的工作并没有结束，还需要对加盟店后续的运营提供保障。针对加盟店忽略管理的问题，企业总部应该及时地检查、发现与解决，旨在减轻加盟商的工作量，促进加盟店的稳定运营与良好发展。

【案例】

　　某零食加盟店刚刚建立不足一年，对店铺内部的多项业务都管理得不错，总部也一直对经营者表示肯定，然而在看似良好的管理背后，该店铺也有细节需要注意的地方。

　　在店铺成立三个月时，有一个顾客到店购买产品时将自己的汽车停在了门店前的停车区，在顾客进店挑选产品时车辆内部出现自燃，从而引起了不小的火灾。由于车载灭火器不足以灭火，店铺经营者便使用店内的灭火器帮忙灭火。事后，这名顾客向店主表达了谢意，也支付了灭火器的费用，当时店铺正处于宣传忙碌时期，店主竟然将补充灭火器的事情忘记了。

　　总部负责加盟店必需品陈列的检查人员在对各个店铺进行检查的过程中，发现了该加盟店的灭火器问题，及时提醒店主进行补充，帮助店主完善了管理内容，从另一种意义上避免小问题引发的风险发生。

二、重服务的内容

　　与轻管理同步贯彻的原则还有重服务，重服务的对象是企业总部，并不是加盟商，是指企业总部为加盟者提供全面的服务，从而减轻加盟者的服务工作量。重服务的"重"是指重视、大量，企业总部重视对加盟店的服务，同时也不断增加服务量，力图让加盟者的经营更加轻松，这也是轻加盟模式的一大魅力。企业强调重服务从来都不是空口白话，而是实实在在地落实到具体的工作中去，重服务的内容主要包括仓储、物流、宣传几个方面（如图5-2所示）。

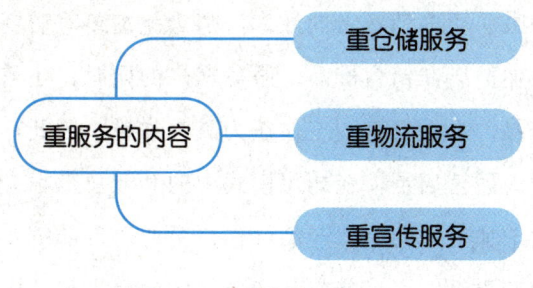

第五章　服务成为轻加盟的主攻方向

```
重服务的内容 ─┬─ 重仓储服务
              ├─ 重物流服务
              └─ 重宣传服务
```

图 5-2　重服务的三个方面

（一）重仓储服务

企业总部要重视后端服务，也就是为与之合作的加盟店提供充足的帮助，从各方面解放加盟商，让对方可以在最自由的范围内发挥优势，从而促进加盟店的发展。轻加盟模式不会强制规定加盟店的规模，对于部分资金不够或者投资较少的加盟者来说，店铺的规模会限制仓库的空间，甚至有很多小型加盟店都没有仓库。没有仓库，客户需要的产品该从哪里来？既然加盟店没有仓库，那么企业总部就需要为其提供仓储帮助，所以企业总部、大型店铺与中型店铺便成了其他有需要的加盟店的仓库。

（二）重物流服务

加盟店的日常工作不仅包括基础的面对面交易，还涉及大客户订单的运输、店铺产品的引入等，这些工作都需要有物流服务的加持。在一般加盟模式中，加盟店运输产品时大部分需要自行承担工作与费用，还需要负责跟进产品的运输信息，从产品装车到客户收货的全过程都由加盟店全程负责。而在轻加盟模式中，企业总部会将与物流相关的工作都承担下来，对于加盟店需要的产品，总部会按照订单要求配送并负责，能够为加盟店减轻很多工作负担。

（三）重宣传服务

众所周知，产品销售离不开造势，加盟店的产品想要提高销量，最先做的应该是吸引更多消费者的注意，那么就需要对店铺经营的产品进行宣传。如果加盟店在销售产品、服务客户的同时，还需要抽出时间与精力去宣传产品，那么自身的工作压力就会加重。因此，为了让加盟商能够心无旁骛地经营店铺，轻加盟模式中的企业总部也会承担宣传产品的工作。相比于加盟店的单体产品宣传，企业总部的统一宣传对产品品牌的知名度加持更高，可以让产品在更大的消费者群体中出现，从而为加盟店积累潜在客户数量。

第二节　选择轻，还要关注重

轻加盟的"轻"只是针对加盟商和零售客户来说，加盟商可以低成本盈利，零售客户可以低价格购买，而企业总部作为产品的提供者则需要重视后台的服务，要有足够的实力支撑业务发展。企业总部既然选择将"轻"留给前端的加盟商与销售者，那么就要承担起后台的重服务，并且要保证能够顺利、完善地服务。

【案例】

包某经营着一家云仓酒庄加盟店，该店铺的规模不大，主业是一家清吧，店铺产品会有一定的库存量，可以满足顾客到店品尝的需求。有一次，一群客户在品酒时觉得一款红酒很合口味，当时正是中秋佳节，于是每人想要购买一箱用来送长辈。

由于店铺的库存不足以满足多位客户的需求，所以包某选择将这次的大订单交由云仓总部处理。这些客户在第二天将会回到各自的家乡欢度佳节，就没有办法再到店里提取货物了，也就是说云仓总部还需要承担送货上门的业务。

三天后，包某收到了这几位客户的好评，对方表示红酒已经完好无损地送达，并且也很认可本次的服务，同时包某也收到了相应的订单利润。在这个过程中，包某做出的行动就只有向客户销售产品，

> 而储存产品、准备产品、打包产品、运输产品等烦琐的工作全部由云仓总部负责,为包某完成订单的同时,也收获了消费者较高的评价。

作为加盟店运营的最大助力,企业总部主要承担的工作有仓储、物流及宣传,而想要真正做好这些工作,任何一家企业都需要付出足够的努力。为了能够更好地服务于加盟商,企业总部愿意承担诸多的重量级工作,就需要关注仓库储量、物流信息及宣传进程这三个事项(如图5-3所示)。

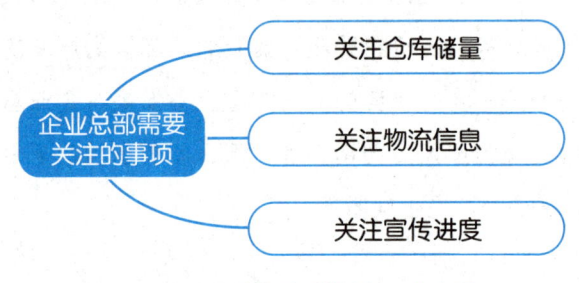

图5-3 企业总部需要关注的三个事项

一、关注仓库储量

轻加盟推荐卫星店模式,中心店及企业总部需要负责多个加盟店的仓库储存,为了避免出现产品库存不满足订单需求的情况,承担仓储工作的店铺理应关注仓库储量。

关注仓库信息有很重要的作用,能够优化对物流的管理、保证供应链的稳定、提高加盟商满意度、提供合理决策依据。

(一)优化对物流的管理

清晰的仓库进出信息可以反映出企业的物流需求,从侧面掌握不同加盟店的实际销售能力,有利于优化对物流的管理,能够更加精确地把握不同时期的库存准备，减少库存成本，提高成本转化率。

（二）保证供应链的稳定

虽然仓库储存是服务于加盟店的，但是仓库储量反过来也在一定程度上制约着加盟店的销售进展。关注仓库信息可以使供应链更加清晰，有利于加盟店更好地制订销售计划，确保每个环节的协作顺利完成。

（三）提高加盟商满意度

清晰明了的仓库信息可以让企业精确地把握库存情况，根据库存来甄选与安排加盟店的订单，能够有效提高加盟商的满意度。加盟商处于客户与企业总部之间，起到建立联系的关键作用，客户向加盟店下单，加盟店会根据总部仓库的实际情况判断能否满足客户需求，关注仓库信息就是为了更好地处理加盟店的订单。

（四）提供合理决策依据

关注仓储信息就是实时掌握仓库内的产品流动情况，企业可以根据变动的仓库信息总结出有用的信息与数据，方便日后做出合理的进货与选品安排，能够为管理层制订决策提供可靠的依据。

具体来说，仓库信息主要包含以下这几点（如图 5-4 所示）。

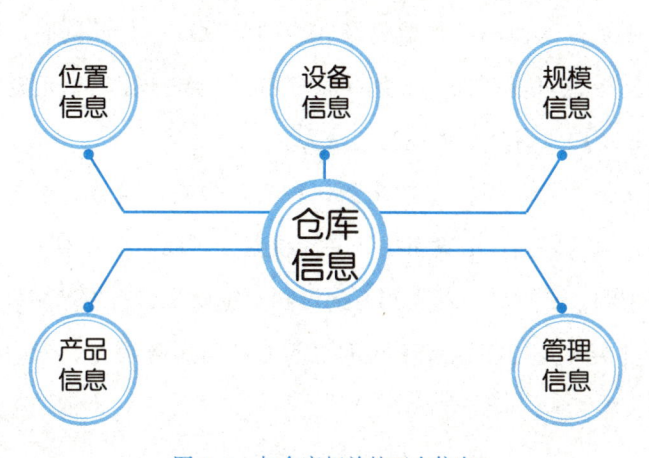

图 5-4　与仓库相关的五个信息

仓库位置信息：是指仓库所在的地理位置，涉及城市、距离、交通等。

仓库设备信息：是指仓库内部的硬件设备，涉及建筑结构、存货设备等，影响着产品的保存质量。

仓库规模信息：是指仓库的实际存货量，涉及内部容积、货物存放位置等。

仓库产品信息：是指仓库存储产品的详细信息，涉及产品的种类、数量、功能特征等。

仓库管理信息：是指构成仓库管理结构的内容，涉及管理方案、管理流程、管理人员等。

二、关注物流信息

轻加盟模式选择将"轻"留在前端，想要满足加盟店提交的客户订单需求，企业总部就需要安排好物流工作，保证将质量合格的产品在客户可接受的时间范围内交由客户。

物流信息是指存在于货物运输过程中的诸多信息，整个流程中的工作包括信息采集、整合、传递、处理、应用与归纳等。对于企业而言，掌握全面的物流信息可以帮助企业实现物流管理的优化与完善，改进物流的服务质量，从而提高加盟商及客户的满意度。与此同时，物流信息的整合与完善也可以帮助企业优化供应链，提高加盟店的运营效率，从而提高企业及加盟店整个体系的竞争力。

物流信息主要涉及产品的来源、种类、数量、价值、重量、体积、运输设备、运输方式、运输路线、装卸设备、时间、地点等。

产品来源：是指产品从无到有的过程，主要是自制生产和外包生产。

产品种类：是指相似或相同类型的产品与服务组合起来的一种分类方式。

产品数量：是指现有产品的具体的实际数量。

产品价值：是指顾客认为的产品应具有的作用与功能，与产品价格不同。

产品重量：是指产品自身具备的重量。

产品体积：是指产品在运输过程中占据的空间大小。

产品运输设备：是指运输时储存产品的设备，直接影响产品运输效率与产品的完好程度。

产品运输方式：是指产品运输选择的交通工具，如陆运、空运、海运等。

产品运输路线：是指运输产品时，交通工具所走的路线。

产品装卸设备：是指搬运、装卸、短距离运送产品的机械设备。

时间：是指运输产品所用的总时长，一般包括装货、运货和卸货全过程。

地点：是指产品流经的地点，包含产品提货地点、产品运输停靠点、产品运输转接点、产品最终达到地点。

三、关注宣传进度

企业总部与旗下所有的加盟店营销的产品都是相同的品牌，由总部统一投放广告进行宣传，可以减轻加盟店的工作量和成本支出，也可以高度统一产品在消费者认知中的定位。企业推广产品并关注宣传进度，其目的是增强产品曝光度、强化品牌形象和吸引消费者注意。

企业可以将关注宣传进度看作是一次项目管理，那么这个项目就可以进行拆分任务、安排人员、关注进度和跟进效果了（如图5-5所示）。

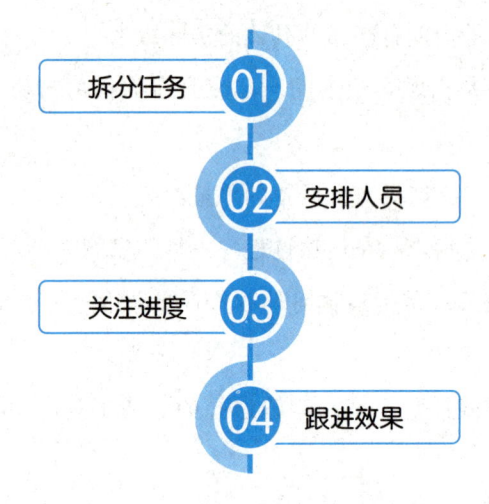

图 5-5　关注宣传进度的四个步骤

（一）拆分任务

将产品的宣传工作视为一个项目任务，就可以进行适当拆分，有利于各项工作的分工。细分任务，可以把不同的任务交由不同的个体或者团队负责，一方面可以提高工作的效率，另一方面也能够在任务出现问题时准确地追求责任，并找到对应人员及时进行修改与完善。

（二）安排人员

企业想要安排具备相应能力的人员去处理与完成各个环节的任务，首先需要明确产品宣传工作具体需要哪些部门参与、需要完成哪些任务。因为涉及企业及加盟店的产品宣传工作通常是一个任务量很大的项目，往往需要多个部门、多位员工的配合与协作。在安排好人员后，企业还需要实时测评工作人员的个人能力、工作效率、工作态度等，对效果不佳的员工应该及时督促或者换人。

（三）关注进度

在产品宣传工作进行的过程中，负责相关工作的管理人员应该每天关注宣传的进度，及时了解实际工作中是否出现问题，一旦发现不良情况，就应该在第一时间着手解决。比起宣传结束后再综合评估效果和总结问题，及时发现、及时解决的方式能够较早地避免问题变得严重，也可以避免浪费时间与精力。

（四）跟进效果

产品宣传时关注过程是为了促进良好结果的产生，所以跟进宣传效果也很重要，企业需要重视产品宣传的效果是否达到预期。作为轻加盟体系的核心，企业理应清楚产品宣传效果对各个店铺的重要性，一次宣传活动的良好效果很有可能会给多个加盟店带来更大的销量。

第三节 样板培训，让市场唤醒市场

无论是什么形式的加盟，无论加盟店的规模如何，总部都会提供一定的培训与支持，目的是提高加盟商的经营成功率。为了减轻加盟商的工作难度，总部会为其提供专业化的培训，这对总部来说也是一个重量级任务。总部为加盟商提供便利的同时，自身也可以盈利，这就提高了店铺的存活率，关乎加盟店及企业自身的未来发展。

一、样板培训的目的

轻加盟模式主张将"舞台"交给加盟店经销商，让他们自由地发挥自身长处，进行合理创新，旨在将一个个店铺的新特色变成整个体系的可学习素材。在以往的培训中，企业大多会选择从同行业中提取一些成功案例进行授课，但是很多时候无法保证案例的可行性及信息的全面性、真实性，所以如果选择从加盟合作者的案例中学习内容，就可以有效提高培训效率。使用模板进行培训，不是要求其他加盟店必须向模板店铺学习，而是为没有头绪或者暂时受到困扰的店铺提供新的思路，帮助对方更快地进入店铺运营的较好状态中。

对加盟商来说，企业能够为其带来的最好的福利就是培训，在竞争激烈的市场环境内，想要自立门户、白手起家获得成功近乎一种妄想，而投资者之所以选择参与加盟就是希望可以获得企业总部的帮助。加盟商参与投资，一方面是为了盈利，另一方面也是希望接受职场教育，企业提供的样板培训可以说是一份有价无市的礼物。

【案例】

我的身边有一位朋友就是云仓酒庄的加盟合作者，在确定有加盟开店的想法后，她就一直在选择合适的加盟企业，从她本人的意愿来看，更加偏向于美容行业，最后之所以成为云仓酒庄的加盟者，是因为云仓酒庄提供的样板培训吸引了她。

这位朋友在寻找加盟企业的过程中，首先相中的是一家美容企业，该企业的加盟费用在她的承受范围之内，但是对方提供的培训活动却有点不尽如人意。作为一位空有理想、没有经验的"新手宝宝"，这位朋友认为想要经营好一家店铺，一定离不开企业对自己的帮助与培训，所以在仔细斟酌过后，她还是选择加盟云仓酒庄。

在实际的经营过程中，也正如这位朋友所猜想的那样，因为有云仓总部组织的样板培训活动让她可以"照猫画虎"，从复制成功店铺的模式开始经营自己的店铺，随着个人能力的增长、经营经验的累积，这位朋友逐渐加入自己的创意与想法，参与培训时也可以根据自身需求筛选内容，逐步从模仿经营到创新经营，使得店铺的生意越来越好。

企业主张样板培训，可以吸引更多的加盟商、稳固加盟店的存活率、激发加盟商的积极性和提高整体的竞争力（如图5-6所示）。

图 5-6　样板培训的四个目的

（一）吸引更多的加盟商

企业看重培训能够吸引到更多的加盟商，因为培训活动可以让投资者知道自己不是一个人在"战斗"，而是可以得到总部的帮助。培训，是每一位加盟商都需要的资源，很多投资者在选择加盟合作企业时，都很在乎对方是否可以为自己提供培训，而样板培训比理论培训带来的效果更加直接，也更能够得到加盟商的认可。

（二）稳固加盟店的存活率

企业组织样板培训活动的目的是提高加盟店的存活率，是希望加盟店在参与培训后能够较快地步入经营正轨，从而提高产品销量，而销量是维持一个店铺生计的关键。在传统加盟模式中，很多加盟店在没有机会从内部体系学习内容时，都会选择学习外部样板，那么轻加盟模式内的样板培训定然能够为加盟商提供更多思路与想法，也就可以将加盟店的存活率维持在一个较高的水平上。

（三）激发加盟商的积极性

在加盟模式中，对加盟商进行样板培训通常被认为是企业提供的福利，合理的、有效的样板培训活动不仅可以为加盟商提供运营思路，还可以激发加盟商的经营积极性。作为样板的店铺能够感觉到企业对自己的认可，能够在激励作用的影响下更加有动力；参与样板培训的店铺可以接收到企业的善意引导，在企业如此诚恳的帮助下有机会实现跨越式的发展。

（四）提高整体的竞争力

如今的市场中，竞争已然成为常态，加盟店的失利也有可能会影响企业的发展，企业的发展受阻，其他加盟店同样会面临不利情况。企业作为加盟体系的核心，有义务提高整体的竞争力，样板培训就是将成功加盟店的实际历程润色成案例进行讲解，让其他加盟商汲取有利信息，从而推动多个加盟店的发展，达到"积少成多""积小成大"的效果，以此提高总部及加盟店整体的竞争实力。

二、培训样板的选择

样板培训应该是一次有组织、有计划的行动。在培训开始前，企业应该提前预设培训结果，分析哪种类型的加盟店需要什么样的培训内容，明晰哪些店铺能够作为样板被放进培训内容中。预期结果与实际结果一比一复刻显然不可能，那么就只能尽量提高培训的质量与效果，其中最关键的就是选择培训样板，样板店铺不仅要为其他加盟店提供运营思路，也要起到一定的榜样作用。企业在确定培训样板的过程中，应该选择创新的、典型的和可行的店铺案例，这样能够使得加盟店受益最大化（如图 5-7 所示）。

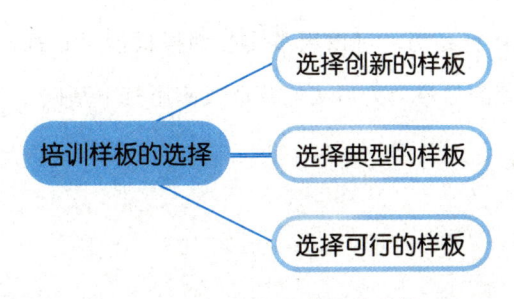

图 5-7 选择培训样板的三个关键

（一）选择创新的样板

很多加盟商的经营理念会趋于保守，企业想要为其提供帮助就需要明确培训的效用，为加盟商提供样板培训的目的是让加盟商产生新的想法与认知，所以选择的样板应该具有创新性。加盟店的目标是实现可持续发展，就需要适应不断变化的竞争环境与客户需求，越是创新的东西越能够帮助店铺走在前列，从而增加自身长久发展的筹码。

（二）选择典型的样板

轻加盟采用的样板培训具有一定的新颖性，但是也不能完全脱离培训实质，所以选择的样板案例应该是典型的，只有典型案例才具有学习的必要性。同属于一个大型企业的加盟合作者，加盟店经营的产品相同，面向的客户需求相似，典型的案例样板可以帮助加盟商们更好地理解与解决同类问题。同时，当培训者讲述的历程与受训者的经历有重叠部分时，典型案例就可以为受训加盟商提供参考和借鉴，减少自我摸索与实验的时间，从而缩短加盟店的试错时间。

（三）选择可行的样板

企业进行样板培训，是要让获得成功的加盟商提供可以尝试或者可以学习的策略与内容，一个没有经过应用的方案并不符合样板案例的要求，所以应该选择可行的样板，即必须是店铺应用后取得效果的方案。能够被企业认可并选中的样板案例，都是由培训者应用到自己店铺后取得良好效果的真实经历，可以用事实强调样板的可行性，这样也就能够得到其他加盟商的信赖，为后续的筛选式应用打下基础。

第四节 价值观的文化力

价值观是一个企业安身立命的精髓所在,如果没有正向的价值观导向,任何企业都很难长久立足,参与加盟的店铺同样如此,每一个加盟店都应该与总部统一价值观,做让客户满意与放心的买卖。轻加盟模式遵循的价值观一般为顾客是朋友和可买可退,即顾客不是简单的消费者,店家要以对待朋友的心态对待顾客,以顾客利益为先,顾客可以购买,也可以退货。

一、价值观的重要性

价值观是企业文化的重要内容,直接影响着企业和加盟商的战略制订、目标定夺,与各个店铺最终的利润息息相关。企业文化力的确定应该基于企业与加盟店的理念、使命与愿景,是对企业整体价值观的总结与归纳。企业价值观的重要性十分明了,可以助力企业可持续发展、约束行为限度和激发加盟商积极性(如图 5-8 所示)。

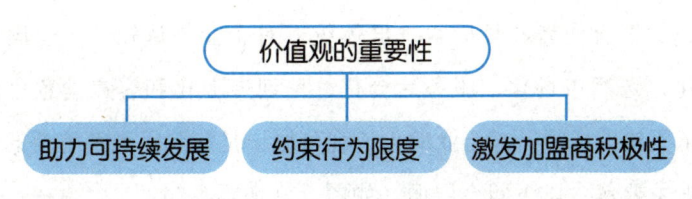

图 5-8 价值观的三个重要作用

（一）助力可持续发展

企业的价值观可以帮助企业与加盟店持续发展。现如今，店铺的生存主要依赖消费者的认可，而价值观可以帮助店铺营造良好的声誉，从而能够获得更多消费者的关注与认可。企业价值观代表着企业的处世之道，是企业文化的主要内容来源，任何店铺只有产品高端是不够的，要兼具质量与价值观，才能够助力企业可持续发展。

（二）约束行为限度

企业的价值观是企业总部与加盟店所有营销行为的道德约束，价值观必然遵循法律法规，同时也包含社会责任方面的内涵，这些都是店铺运营的行为指导与规范。轻加盟模式中的任何一个加盟店都可以脱离于企业提出的方案与体系，但是一切的尝试与决策都必须以价值观为核心，不能有任何超出约束限度的行为出现。

（三）激发加盟商积极性

对于拥有加盟体系的企业而言，加盟店占据重要的经济收入比例，企业的价值观可以为加盟店指引正确的发展方向，同时大致划分出行为范围，使得加盟店做决策更容易、经营更积极。加盟店的行为可以更深层次地贯彻企业价值观，将企业的文化传递到更多的消费者心中，从而使得企业的形象更加立体生动。

二、云仓酒庄的价值观作用

价值观的文化力是一个企业取得成功、扩大影响力的重要基础，能够在后续发展中为企业与加盟商起到重要的引导作用，并且能够帮助企业员工、加盟合作者、目标客户群体统一对企业的认知。云仓酒庄在产品品牌化、选酒市场化、服务后台化、培训专业化和客户满意化的优势上取得了不错的成果，该企业的价值观可以说是起到了至关重要的作用。其价值观主要包含以下四个层面（如图5-9所示）。

01	理念	传统业务线上化，品牌酒类批发价
02	使命	让喝酒更实惠，让创业更简单
03	愿景	成为酒类爱好者的首选供应商
04	价值观	坚守好品质、追求性价比和与世界共赢

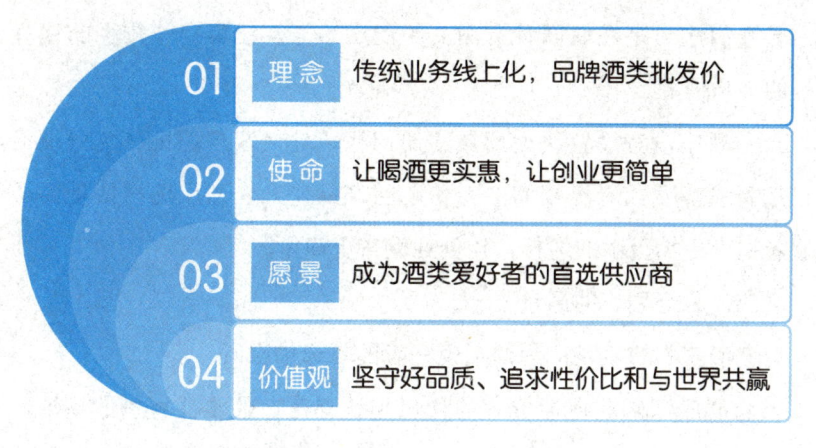

图 5-9　云仓酒庄价值观的四个层面

（一）云仓酒庄的理念

云仓酒庄的理念是传统业务线上化，品牌酒类批发价。

云仓酒庄将传统的线下业务搬到互联网之上，在经营线下门店的同时，为经销商提供线上商城服务。作为企业加盟合作者，每个经销商都可以在线上进行采购，可以批量提货，也可以交由仓库代发。客户从实体店下单，供应商就是加盟店；客户从线上商城下单，供应商就是线上商城，客户最终都需要将款项支付给自己的供应商。

面对客户的需求，云仓酒庄可以直接从总部发货至消费者或者店铺，省去了中间的多次运输，实现了减少成本、薄利多销的目的，同时也可以建立让客户长久复购的渠道，实现对云仓酒庄客户的"品牌酒类批发价"。

（二）云仓酒庄的使命

云仓酒庄的使命是让喝酒更实惠，让创业更简单。

云仓酒庄从供应链入手，全面进行优化，在供应商选择、辅材、物流体系上进行改变与完善，旨在让成本更低，也就可以让酒更加实惠。所谓的实惠并不是绝对的低价出售，不同的客户群体偏好的酒品种类不同，云仓酒庄只是在做同种类酒品中的实惠方，让客户花较少的钱享受同等的美味佳酿。

云仓酒庄没有设置线上商城注册门槛，任何客户都可以免费注册，可以选择以酒友或者经销商的身份购买产品，云仓酒庄这样做是为了给加盟者提供更加自由的选择，让创业变得更简单。

（三）云仓酒庄的愿景

云仓酒庄的愿景是成为酒类爱好者的首选供应商。

云仓酒庄深知获得消费者的认可和选择是一件难能可贵的事情，所以十分珍惜与消费者的每一次接触，最想要达到的结果就是让消费者满意。企业做出的所有努力都是为了加深在消费者心目中的印象，让消费者产生消费欲望的时候首先想到自己。在竞争激烈的时代，任何疏忽都可能产生不好的影响，保证成为消费者的首选并非易事，而这一直是云仓酒庄的愿景。

（四）云仓酒庄的价值观

云仓酒庄的价值观是坚守好品质、追求性价比和与世界共赢。

首先，有时候不一定贵的就是好的。云仓酒庄认为消费者喜欢的就是最好的，所以设有多种品类的酒，让消费者有更多的选择，从而能够在合适的价位上选择好品质的产品。

其次，用同等的价位购买更满意的产品就是高性价比。云仓酒庄通过完善供应链来降低成本，从而可以为消费者让利，最终能够达成高性价比的效果。

最后，与世界共赢是一个虚指的概括。云仓酒庄希望能够全面服务于所有的客户，与消费者、经销商、供应商等诸多合作伙伴实现共赢。一个企业想要做到基业长青，就不可能脱离于体系生存，只有诸多的关联方都获利，企业才可以实现长久发展。

第六章

建设品牌是为了背书

建设品牌会消耗大量的资金，但是众多企业依旧选择坚持建设品牌，其原因在于没有品牌难以发展，投资者也无法参与加盟，所以建设品牌是为了背书。轻加盟选择建设小品牌，既能够为加盟提供充足的媒介跳板，又不同于大品牌那样需要大量的成本支出，称得上是一个两全其美的做法。

第一节 有品牌，才能加盟

品牌能够加深产品在消费者心目中的印象，没有品牌的企业与产品，容易出现一次性消费的情况，即使消费者体验良好也会丢失对产品的记忆，从而使企业流失许多客户。品牌是一个名头，无品牌，难记忆，加盟商选择加盟是想让顾客记住产品而去购买，而品牌需要作为被记忆的标志而存在。所以说，有品牌的企业与产品更能够吸引投资者参与加盟。

【案例】

云仓酒庄是一个经营多种酒品的企业，凭借着轻加盟理念的优势吸引来很多加盟商，不同加盟商有不同的想法，云仓酒庄都会尊重这些加盟商的意愿进行合作。加盟商甲和加盟商乙是同一时期的两个加盟合作者，两者的加盟方式都是从总部提货并售卖，不同的是甲只关注自己卖出多少、赚了多少，乙则更加关心客户的购买原因，比较重视客户对品牌产品的复购率。

在营业初期，甲凭借自身较高的推销能力售出了数量可观的产品，也为其创造了不少收益，而乙则是将重点放在客户反馈上，在乎客户是否对品牌印象深刻。经过一段时间后，甲发现自己的订单成交率很高，重复购买的客户却不多，而乙成交的订单数量虽然不

> 如甲，但是却逐渐收获了一批忠实客户。随着时间的推移，我们可以轻易地猜想出两者的结果，甲因为只在乎短期销量而忽视了客户印象，导致客户流失严重；乙则因为关注客户对品牌的印象，依靠客户黏性，逐步提高并稳定了客流量。

对比两个加盟商的做法，我们可以发现问题出现在对加盟的认知上，甲加盟云仓酒庄只是为了获取批发价，能够低成本进购产品，而乙则意识到加盟云仓酒庄重要的是加盟品牌，深刻理解能够加深消费者印象的是品牌。而云仓酒庄之所以花费资源去建设品牌，就是为了给经销商的加盟提供媒介。

一、品牌的作用

现如今，品牌与企业的利益息息相关，品牌能够代表企业在消费者及市场内的形象，一个正向的品牌形象可以让消费者对产品产生好感，从而在提高品牌形象的同时增加客户数量，综合地扩大了产品的品牌宽度与长度。品牌是企业无形的资产，能够全面助力企业的生存与发展，其具体作用主要有增强产品的销售能力、提高企业的韧性、加深产品在消费者心目中的印象和获得法律的保护（如图6-1所示）。

品牌的作用
- 增强销售能力
- 提高企业韧性
- 加深客户印象
- 获得法律保护

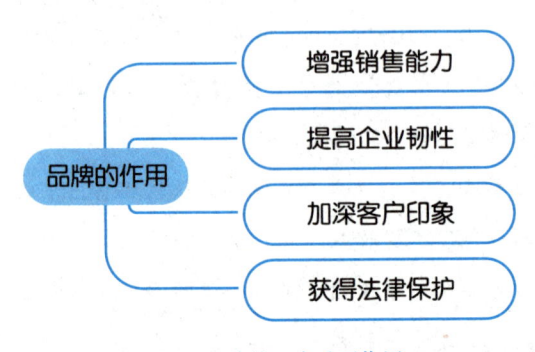

图6-1　品牌的四个重要作用

（一）增强销售能力

建设品牌不仅可以促进原有产品的销售强度，还可以推动新型产品的销售速度，能够从整体上增强产品的销售能力。通常情况下，产品想要在销量上增加需要有广告对其进行宣传，以广告形式宣传产品就需要有可以被推广的媒介，而品牌就是产品形象的具象化体现，使得产品宣传工作能够落实，从而起到提高产品销量的作用。除此之外，一个企业的长久生存依赖于头部产品，但是也需要有新的产品出现来增加企业的活力与创新性，品牌则可以推动新产品的销售。由于市场的竞争过于激烈，没有创新对很多企业来说无异于慢性死亡，企业的生机与活力需要有新产品带动，但是想要让新产品有不错的销量也并非易事，此时企业就可以利用原有的品牌影响力来为新产品吸引客户，对促进销售有很大的积极作用。

（二）提高企业韧性

品牌能够为企业与产品树立形象，使得与品牌相关的所有信息根深蒂固地印在消费者的脑海之中，很多面临困境的企业都是在老客户的认可与支持之下挺过难关的，品牌的形象几乎可以称得上是众多企业最注重与追求的高等价值。企业韧性可以体现在产品的质量与品质上，很多老牌国货之所以能够经久不衰，主要就是靠着自身"问心无愧"的质量不断获得消费者的青睐，可见品牌也具有监督与提高产品质量的作用。一个企业建设一个品牌，树立一个品牌形象，不是一朝一夕之间的简单事宜，而是需要倾注很多心血与汗水的，甚至一个品牌的成功会包含着企业好几代员工的努力，企业十分认真地对待产品，如此便可以提高企业的韧性，延长企业的寿命。

（三）加深客户印象

品牌可以被视为一个产品的标志。在市场中同类型、同功能，甚至是同质量的产品不计其数，那为什么总有一些企业的产品更受消费者认可呢？事实上，消费者认可的不仅仅是产品或者企业，而是产品的品牌，品牌的存在可以使消费者的消费选择成为一种习惯。

【案例】

李小就职于一家初创公司，该企业主要经营苹果汁的生产与销售。不同于大多数果汁生产商以批发生意为主，该企业更加偏向于依靠零售赚钱。李小在销售方面也很有自己的想法，所以很受老板赏识。有一次，李小外出时在一家饭店进餐，他发现在众多的啤酒中，有一个品牌的啤酒被好多客人点过，他也跟风点了一瓶，结果并没有感受到这个啤酒比之前喝过的有什么优势。于是，李小便随机询问了几名购买者选择这款啤酒的原因，大家都说该啤酒的宣传一直做得不错，深受品牌影响便习惯了选择它，这也引发了李小的思考。

回到公司后，李小将自己想要建设品牌的想法告知老板，并做了测试，发现品牌具有加深客户印象的作用，让其产生购买心理。

（四）获得法律保护

拥有品牌的企业可以选择注册商标，之后便可以获得法律的保护，为产品的后续销售提供保障，让销售者共享信息，也让消费者更加放心。注册商标可以使产品受到法律的保护，使品牌成为自己的特色，一旦发现任何侵权行为，就可以通过法律途径保护品牌权益，使经销商更加舒心地做好自己的生意。

二、加盟品牌企业的好处

众多投资者在选择加盟对象的时候，都愿意加盟品牌企业与店铺。选择加盟品牌企业的好处在于以下几点（如图6-2所示）。

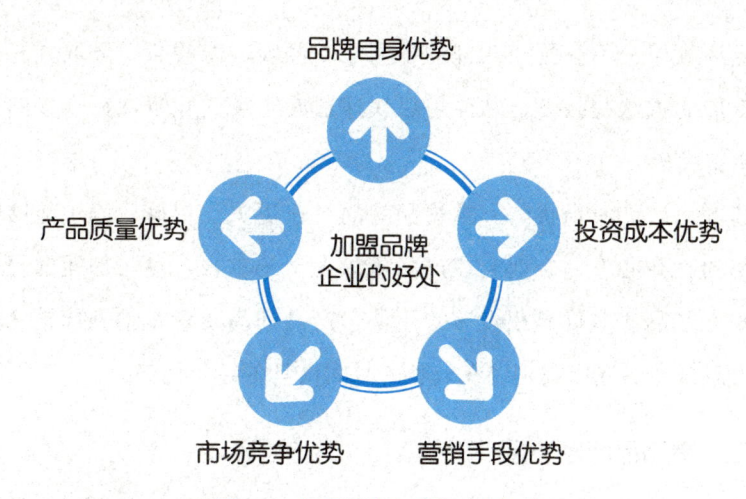

图 6-2 加盟品牌企业的五个好处

其一，品牌自身优势。企业拥有品牌，就能够统一企业与产品在消费者心中的形象，投资者在参与加盟之后，不需要从零开始，而是可以依靠品牌原有的影响力与热度建设店铺。相比于其他形式的加盟，加盟品牌企业能够减轻投资者的经营难度。

其二，投资成本优势。品牌企业更加依靠品牌知名度和产品质量吸引消费者，投资规定与限制较少，对加盟商的产品进货数量、店铺建设地点、店铺经营方式、产品销售规则没有强制性要求，投资者完全可以选择按需购入产品，选择租金较低的地界建设店铺等，从多个方面降低投资的成本，以此减轻投资者的经济负担与经营风险。

其三，营销手段优势。重视品牌的企业往往拥有庞大的营销队伍，面对参与加盟的投资者，企业总部会为其提供周到的服务，在分析各加盟店实力后为其安排合适的帮助，而不是让加盟店单打独斗。此外，统一的宣传可以统一产品的品牌形象，也可以增加多个店铺的凝聚力。

其四，市场竞争优势。加盟品牌企业的投资者通常都售卖同一品牌的产品，所以总部往往更提倡样板案例培训，由此加盟商就可以了解到不同经济领域、不同规模店铺的不同成功经验，能够从中汲取到对自己店铺有用的方法与技巧，从而可以快速适应市场的竞争，在众多的竞争者中崭露头角。

其五，产品质量优势。重视品牌的企业更关注口碑，为了能够收获客户们的"芳心"，企业会在产品质量上十分重视，参与加盟的投资者不必担心产品质量问题引发客户不满。产品的高质量是增强店铺竞争力的有力武器，保证店铺可以在较长的时间内具备经营优势。

三、参与品牌轻加盟

对比如今的各种商业模式，加盟形式成为很多初步进入经销领域的投资者的不错选择，而其中的轻加盟模式更是凭借着轻投资、轻管理等优势收获了越来越多的投资者的认可，很多加盟商将其看作是一次机会很大的尝试，都很想明确地知晓自己该如何参与品牌的轻加盟。传统的加盟流程一般包括咨询详情后申请加盟、实际考察后参与加盟、正式开业后协助经营，想要参与轻加盟的投资者则需要在上述流程之前明确允许轻加盟的企业有哪些，也就是仔细甄选后确定加盟对象（如图6-3所示）。

参与品牌轻加盟的流程：
- 仔细甄选后确定对象
- 咨询详情后申请加盟
- 实际考察后参与加盟
- 正式开业后协助经营

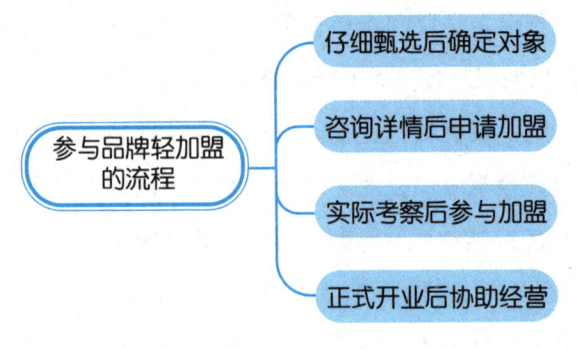

图6-3　参与品牌轻加盟的四个步骤

（一）仔细甄选后确定对象

轻加盟模式的优点在引起诸多投资者兴趣的同时，也很容易成为有不良企图之人的突破口。现如今诈骗行为时有发生，想要保证自己加盟的企业是值得的、正确的，意向投资者理应在投资加盟之前仔细辨别与甄选合法经营的企业。排除加盟企业的危险性是一方面，了解符合加盟期望的企业的发展实力也是关键的一方面，在诸多处于发展阶段的企业之中，适合加盟与合作的企业并不是很多，所以应该选择有发展前景的企业参与加盟。另外，自身的资金实力也是影响加盟选择的因素之一，比起传统加盟模式的高投资，轻加盟模式明显更具包容性，投资者可以根据预想的资金投入自由选择，比如资金充足的投资者可以设置专门的铺面，将产品作为主要的销售内容，而资金预算不是太多的投资者则可以选择建设小店面，或者将产品作为搭售内容。

（二）咨询详情后申请加盟

想要加盟一家企业或者一个品牌，首先需要做的就是与相关项目的负责人沟通，向对方咨询自己想要了解的具体情况。在对所需信息了解清楚后，可以向对方表示自己的加盟意向，并确定是否具备加盟的条件，得到肯定回复后便可以提交加盟申请，之后便可以等待负责人的反馈信息。

（三）实际考察后参与加盟

企业在接收到意向投资者的加盟申请后，在没有深入了解前通常不会贸然同意，一般会邀请对方到企业总部展开实地观察，不仅要了解企业的经营产品与项目，还需要了解企业的发展理念、未来愿景等内容，因为一旦合作达成，这些都会成为双方的共同奋斗目标。当意向投资者足够了解企业的实际情况后，双方如果能够达成统一意见，便可以签订加盟合同了。此时需要区别轻加盟与传统加盟的一点是，传统加盟大多会收取加盟者一定的加盟费用，而轻加盟为了减轻加盟者的资金压力，形成更加友善互利的合作关系，会允许投资者不缴纳加盟费用便成为合作伙伴。

（四）正式开业后协助经营

在加盟商与企业总部确定交易、达成合作之后，加盟商便可以着手准备店铺的开业工作与经营活动。作为加盟商的合作者与有力支持者，企业总部与加盟商有着同样的期许，那便是希望加盟店铺可以做大做强，所以会尽可能地为加盟商提供帮助，协助加盟商更快地进入正常的营业与盈利状态中。轻加盟模式内的加盟商与企业总部能够保持良好且亲密的关系，企业为加盟店铺提供的帮助不仅仅体现在经营经验与产品输出，还包括仓储准备、订单运输等，能够在很大程度上帮助店铺做到成功经营，从而将企业加盟店的存活率一再提高。

第二节　小品牌，成就大事业

品牌是企业发展过程中重要的资产形式，之所以受到重视，是因为它可以为企业带来诸多的益处，但是不同的企业对品牌建设有不同的见解，很多企业致力于创设大品牌，以此来扩大影响力，而一些支持轻加盟模式的企业则选择建设小品牌，旨在加深消费者对产品的印象。承认大品牌的重要作用的同时，却不能绝对地认为小品牌不能发挥相同的作用。在适合企业的发展前景与经营特色时，建设小品牌是一个非常不错的选择，不仅能够满足企业加深印象的需求，还可以减少品牌建设的成本支出。

一、小品牌的优势

面对大品牌的强势的竞争力，小品牌想要在相同的市场内占据一席之地并非一件易事，但是却有很多小品牌能够在竞争之中生存与发展，主要是因为小品牌具备的优势能够助力自身实现高质量发展。分析现有的多个成功的小品牌案例，促进它们长久发展的优势主要包括以下这些内容（如图6-4所示）：

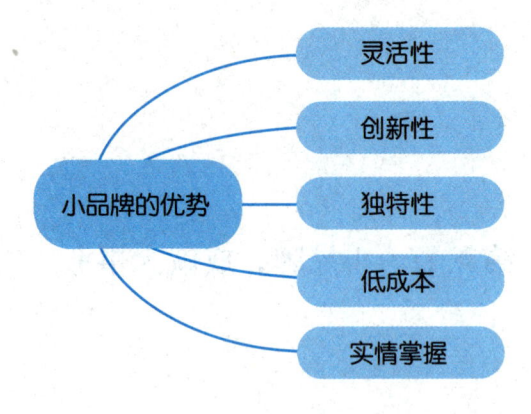

```
小品牌的优势
├── 灵活性
├── 创新性
├── 独特性
├── 低成本
└── 实情掌握
```

图 6-4　小品牌的五个优势

（一）灵活性

小品牌所包含的信息与内容较少，通常具有更高的灵活性，能够更快地适应瞬息万变的市场，根据不同的情况制订或改变发展策略与方针，保证品牌在面临一些问题的时候能够在较短的时间内作出调整，从而不影响整体的发展进度。

（二）创新性

小品牌改变与创新发展策略更加简便，试错的时间与过程较为简短，所以愿意花费一定的时间与精力去创新产品，提高质量与服务水平，从而能够在与其他品牌竞争的过程中把握机会，可以开辟出更加新颖的发展方向与道路，为品牌的后续发展奠定基础。

（三）独特性

小品牌的生存环境一方面受目标市场的竞争环境影响，另一方面也由消费者的需求所决定。现如今消费者的基础需求基本能够轻松得到满足，所以多数品牌会通过增设服务来吸引消费者。为了能够让消费者产生多次消费的想法，小品牌便会关注个性化服务，所以小品牌一般都有别具一格的独特之处。

（四）低成本

小品牌的建设成本与运营成本通常较低，企业在支出较少的资金后便可以建设出一个完整的品牌，让其成为自己独有的标志与特色。与此同时，输出的成本越低，留给品牌调整价格的空间就越大，企业可以通过降低价格来吸引客户，增加产品的性价比对消费者来说是直接且高效的吸引手段。

（五）实情掌握

建设小品牌可以从多个方面为企业节省时间与资金，也就可以预留出足够的资源去了解目标市场与目标客户，能够细致地了解所在销售区域内消费者的更多信息，在掌握足够多的实情后发展品牌，才能够更加明确，更有信心。

二、加盟小品牌的好处

轻加盟模式注重对小品牌的建设与发展，能将小品牌的优势贯彻到底，让加盟伙伴了解到小品牌的优势后能够真正享受到相应的待遇，更好地经营店铺。低门槛、低成本、低风险、快速启动等特点就是小品牌加盟店的显著优势，吸引着越来越多的投资者参与其中。

低门槛：小品牌的加盟规则较少，一般有加盟意向的投资者只需要投入少许的资金就可以加盟并着手经营，对于一些没有店铺经营经验的加盟者，企业总部也会给予相应的指导与帮助，所以加盟者只需要有基础的经营能力、学习能力与成长能力即可。

低成本：加盟小品牌需要支出的成本较低，在轻加盟模式中，加盟店一般无须缴纳加盟费用，在与企业总部达成加盟关系后就可以开始经营店铺。同时，企业总部也不会规定加盟店的进货数量，甚至没有仓库的加盟店还可以将中心店铺或者企业总部视为自己的仓储地。并且，加盟店可以自行选择店铺的地址、店铺的经营模式，这样便可以根据自身经济实力参与加盟，不会被有限的成本限制店铺发展。

低风险：加盟小品牌的店铺，能够获得企业总部提供的产品宣传支持、技术支持与经验传授，一方面可以降低加盟店的经营风险，另一方面也能够减轻许多前期的工作量。

快速启动：轻加盟模式下的小品牌会由企业总部统一进行品牌的宣传工作，能够统一产品的形象。在投资者参与加盟后，一般不需要过多注重准备工作，因为有品牌的原有基础，所以可以在几天内启动销售，缩短了店铺的筹备时间，也就增加了店铺的盈利时长。

三、如何选择轻加盟品牌

品牌的优势有很多，小品牌轻加盟是很多投资者想要进行的尝试，但是如何选择轻加盟品牌则是一个较为棘手的问题。选择加盟品牌时不能单一地认为品牌有实力、加盟有益处就盲目加入，投资者应该综合考虑品牌的可加盟性，保证自身选择的正确性与客观性（如图6-5所示）。

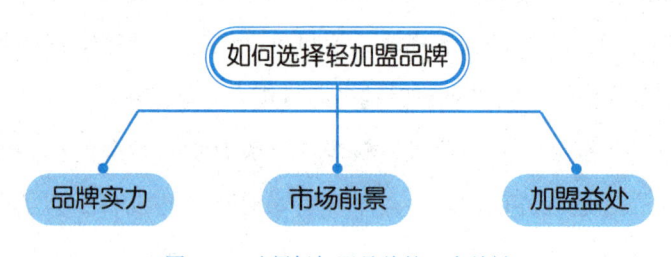

图6-5　选择轻加盟品牌的三个关键

（一）品牌实力

在加盟品牌之前，首先要考虑的是品牌的实力。在经营店铺之时，自身利益应该关键的、最值得重视的事项。为了确保品牌的可靠性，投资者需要了解品牌的知名度、市场经验等，因为品牌的实力能够成为加盟店运营的基础，加盟实力越强的品牌，加盟店的发展就会越顺畅。

（二）市场前景

在选择加盟品牌时，市场前景也是需要考虑的一个因素，很多品牌在现阶段会有一定的影响力，但在一段时间后就会走下坡路。加盟品牌不是为了"一时之乐"，而是将加盟看作一个开始，后续要不断地发展与提升，所加盟的品牌就是加盟店的依托，只有品牌具有发展前景，加盟店才会有更多的可能性与持续性。

（三）加盟益处

加盟一个品牌能够带来哪些益处也是加盟者必须要考虑的内容，允许加盟的企业与品牌有很多，那么选择一个对自己更有帮助的品牌必然是不错的想法，所以加盟商应该提前了解品牌企业的技术支持、宣传推广等政策是否对加盟合作者有帮助。

第三节 统一品牌，统一宣传

轻加盟模式致力于建设小品牌，为了能够统一形象，会对多个产品进行统一的宣传。总部将多种产品进行品牌统一，在展开宣传的时候，就可以使用一个方案、一个广告，节约宣传成本的同时，将宣传费用平摊到每一位经销商处，既省力又省钱。统一品牌就可以统一品牌在消费者心目中的形象，可以通过加深客户印象来扩大稳固客源群体；统一宣传能够减轻加盟店的工作难度，减少加盟商的成本支出，从而可以深化加盟者与企业总部的友好关系。

一、统一品牌宣传的优势

统一品牌是指一个企业将营销的所有产品都冠上同样的名称、标志和设计，旨在聚集财力、物力及人力等资源，综合建设与宣传品牌，在节省成本输出的同时，也能够统一企业在消费者视角内的形象。统一品牌宣传策略通常适用于拥有长远布局与展望的企业和集团，轻加盟模式下的企业普遍渴望总部与加盟店都能够长远发展，所以采用统一品牌的策略方针属于明智之举。贯彻统一品牌宣传策略的企业，既能节省品牌宣传费用，也能深化企业品牌形象，还能助力新品打开销路（如图6-6所示）。

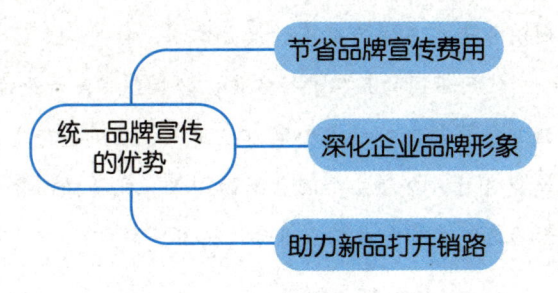

图 6-6　统一品牌宣传的三个优势

（一）节省品牌宣传费用

因为受到快速变更的市场环境的影响，很少有企业能够确定什么行业、什么产品有不错的发展，为了降低营销风险，很多企业拥有"不把鸡蛋放到一个篮子里"的思想，可能会营销两种或两种以上的产品，在建设品牌的时候如何为不同的产品塑造标签就成为急需思考的问题。企业可以选择为不同的产品建设不同的品牌，但是成本必然很高，众所周知，建设一个成效不错的品牌会消耗很多资源，这些资源都需要资金成本来维持，过多的品牌会增加企业的经济负担，使得很多企业的品牌计划停滞不前。比起建设多个品牌带来的经济压力，统一品牌就显得实惠很多，企业可以将隶属于自己的所有产品都打上同样的标签，实现品牌统一就可以把多个品牌计划合并为一个，此时只需要消耗一次品牌建设的成本就可以了。

【案例】

云仓酒庄的白酒系列统一使用"豪迈"品牌，品牌下的白酒种类有很多，不同种类的价位不同、适用场景不同，但是统一使用一套宣传方案，整合宣传活动的同时，降低了宣传成本。

豪迈品牌下有不同规格、不同酒质、不同色调的多种白酒，能

> 够满足不同消费者在不同情况下的消费需求，针对这么多种类的产品，如果分别使用不同的品牌进行宣传，必然会消耗大量的资源。
>
> 云仓酒庄选择将所有种类白酒都使用一个品牌进行宣传，此举可以统一消费者对云仓酒庄白酒系列的印象，能够提高豪迈品牌的知名度与影响力，在节省成本的同时，稳固了客户。

（二）深化企业品牌形象

企业营销不同的产品可以满足多个消费者群体的需求，能够为企业积攒较多的客户。想要让客户认准自己的产品，就必须建设品牌来加深消费者的印象，当多个品牌出现在消费者视野中时，很有可能会分散消费者的注意。例如，一个人如果身穿五颜六色的衣服，那么人们回想起来只会记得有很多颜色，但是如果一个人的服装只有一种颜色，那么别人就很容易说出这种颜色，而建设品牌的目的就是让消费者准确地"说出颜色"。企业建设品牌是为了让消费者记住自己的品牌，而不是让消费者只记得自己有很多品牌，却无法准确地说出是哪些品牌，所以统一品牌有利于统一企业在消费者记忆中的印象，达到深化企业品牌形象的效果。

（三）助力新品打开销路

创新是延续企业生命的最有效、最直接的途径，没有创新的企业很容易在激烈的竞争中被淘汰、被取代，想要在市场中始终拥有自己的一席之地，企业就必须学会创新，其中一项事务就是推出新品。作为延续企业生命的关键，新产品最好能获得不错的销量，但是想要在短期内取得效果属实不易，如果有品牌影响力的加持，对新产品来说就是一大助力。统一品牌使得原有产品与新产品共用一个品牌，新产品往往可以借助原有产品所经营出来的品牌影响及声誉来为自己打开销路。现如今，消费者的需求大多很轻易就可以被满足，增加企业产品黏性的有效方式之一就是利用品牌造势。统一品牌后，新产品推出就可以依靠原有品牌的热度获取消费者的信任，从而有效提高新产品的销量。

二、如何进行品牌宣传

建设品牌主要就是为了利用品牌优势来为产品热度造势，品牌知名度越高，能够吸引到的潜在客户就越多，所以品牌宣传是建设品牌过程中的重中之重。在各种渠道媒体快速发展与完善的今天，宣传渠道与宣传方式种类繁多，企业可以做出多样化的选择，就更应该应用有效的渠道与方式，使品牌宣传的效果更趋近于预想效果。对企业来说，如何进行品牌宣传很关键，品牌宣传的流程一般为确定目标客户、制订宣传方案、准备宣传材料、落实宣传活动、持续优化效果（如图6-7所示）。

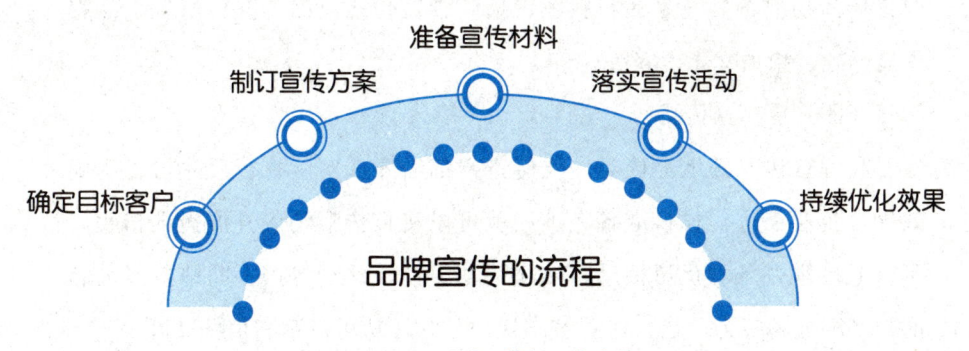

图6-7 品牌宣传的五个步骤

（一）确定目标客户

品牌的作用是为产品加持吸引力，直接功能是服务于产品，而产品则是基于客户需求而存在和设置的，所以展开品牌宣传行动之前最先应该做的是确定目标客户，以便根据客户偏好来制订宣传计划。不同性别、年龄、收入等特点的消费者群体能够接受的宣传方式不同，企业制订的宣传方案应该将客户的喜好作为参考依据，这样才能够保证品牌宣传的效果。

(二)制订宣传方案

在确定目标客户之后，企业就可以根据客户的特点与需求制订宣传方案，其内容包括宣传的时间安排、所需费用、宣传方式和预期目标等。按照方案的内容选择合适的宣传方式是很重要的工作，关系到消费者的直接感受与体验，可以选择的宣传方式有很多，比如社交媒体宣传、赞助合作、广告宣传等，企业需要慎重地抉择。

(三)准备宣传材料

将宣传方案落实到位还需要一定的准备工作，不可能在方案确定后就立刻执行。无论选择哪种宣传渠道、怎样的宣传方式，都需要为后续的宣传活动准备好充足的材料，包括广告宣传语、品牌宣传海报、品牌外显标志、相关文化内容等。

(四)落实宣传活动

品牌宣传不是纸上谈兵，任何方案都需要在实际执行后才可以明确效果。企业在宣传材料准备完善后就可以将宣传活动的开展提上日程。可以通过举办各种优惠活动、文化活动、竞技活动等，不断地扩展品牌的知名度与影响力，让更多的客户认识品牌、认可品牌和信任品牌。

(五)持续优化效果

随着市场竞争情况的变化，原本的品牌宣传方案可能会出现不适用的情况，为了能够持续宣传效果，企业还需要不断优化品牌宣传计划，并根据情况的变化及时调整品牌宣传活动。想要准确地优化和创新宣传方案的内容，企业应该深入消费者群体之内，通过调研和归纳客户反馈意见来重新整理策略，保证品牌的吸引力与活力。

第四节 前端轻，后台重

轻加盟模式的"轻"吸引了大批的投资者参与加盟，加盟者既然享受"轻"，就需要加盟合作关系中的其他部分承担"重"，企业总部恰好充当了这一角色，企业将"轻"留给前端的加盟商，把"重"放置在后端自己消化。需要注意的是，加盟商前端的"轻"是有水平的轻，企业总部后端的"重"是有实力的重，两者之间的轻与重基于相同的标准评判，前台越简单就意味着后台越复杂，营销的产品所面向的市场越大，企业总部的任务就越需要有基础沉淀。

【案例】

在了解到云仓酒庄的轻加盟模式后，小李对其产生了浓厚的兴趣，他十分好奇面对后端那样复杂的工作任务，云仓酒庄是如何应对自如的，于是他开始尝试用沙盘数据进行模拟。

从小李模拟的数据中显示，轻加盟模式中前端工作量与后端工作量的总和其实并不是没有变化，当前台的工作量减少时，其消减的任务会转移至后台，然而到达后台的任务量不一定会与前端所转移来的任务量完全相等。引起任务量发生变化的因素需要经过测试才能确定。通过控制变量的方式，小李终于确定，让任务量在转移

> 过程中出现变动的因素是后端的实力,也就是说企业实力越强,在处理前端转移来的任务时越轻松。同时,并不是前端工作交由后端处理就表示前端一定会顺利运营,当前端的基本能力不足时,后端再努力也无济于事。

总而言之,并不是所有的加盟店都值得帮助,也并不是所有的企业都值得加盟,企业助力没有发展潜力或经营水平的店铺,只会消耗时间,并浪费不必要的资源,投资者加盟没有实力的企业,也只会消耗时间或资金成本(如图6-8所示)。

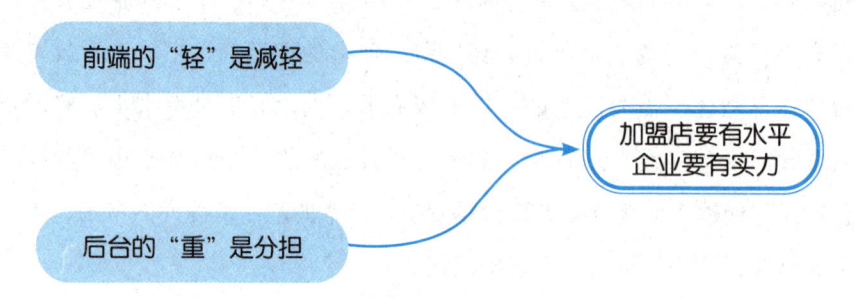

图6-8 加盟店与企业的互助关系

一、前端的"轻"是减轻,不是轻松

在轻加盟模式之中,参与加盟的投资者相比于传统加盟体系中的投资者工作量更轻、工作难度更低,但是并不意味着加盟者可以做"甩手掌柜",企业总部是助力加盟商工作,而不是代替加盟商工作。参与轻加盟的投资者可以享受到总部提供的诸多便利,包括运输、宣传、仓储等,但是作为一个店铺的经营者,理应认真完成经营店铺的工作,企业总部之所以愿意助力加盟店的工作,就是为了让店铺经营者能够专注自己的分内工作。

如果加盟商将企业总部的帮助看作是自己无偿获利的途径，那么就意味着他与企业的合作难以长久。在轻加盟模式中，加盟商与企业总部之间是友好共赢的合作关系，加盟商不能理解企业总部的付出，无异于将企业的用心弃如敝屣，对双方的长久合作有百害而无一利。

轻加盟模式提倡的"轻"是减轻，是指企业总部通过分担一些店铺不能或难以承担的工作，为加盟商创造良好的经营环境，于加盟者来说是减轻工作，而不是让加盟者不劳而获。经营任何店铺都需要付出心血与努力，参与加盟也不例外，店铺经营者需要用心经营店铺，合理地利用企业总部为自己创造的条件和提供的便利。

二、后台的"重"是分担，不是承包

处于轻加盟模式之中，企业总部会为加盟者提供多方面的帮助与支持，这些付出尽管会在一定程度上消耗总部的资金、人力等资源，但是作为一个有美好愿景的企业，做出的所有决定、采取的任何行动，都是为了加盟者能够长久地发展。加盟商经营自己的店铺离不开企业总部的帮助，但是企业总部也只能是分担工作，而不是承包工作。

企业总部可以帮助加盟店运输产品，提供对店输送和上门送货的服务；可以帮助加盟店收集客户信息，为其维护客户关系；也可以帮助加盟店储存货物，让没有仓库的店铺也不必担心货物供不应求……但无论是哪方面的帮助，企业总部也只是按照加盟店提出的需求进行服务，而不是全面地负责和管理店铺工作，在这一过程中，店铺的经营主导者始终是加盟商。

不同加盟店的能力不同，需要得到企业总部帮助的层次不同，企业总部会根据店铺的实际能力投入支持，目的是助力更多的店铺走向成功，而加盟店的良好经营也代表着企业的产品销量增加，适当的帮助可以实现加盟商与企业总部的双赢。企业为店铺提供帮助和企业自己建立店铺所需要付出的精力与财力明显不同，企业允许加盟商轻加盟是希望双方可以分担工作，无须依靠自身来承包所有事宜，与此同时，加盟商的工作也会因企业的帮助而更加顺利，这才是后台的真正要义。

三、加盟店要有水平，企业要有实力

尽管轻加盟对投资者的限制条件很少，但是参与加盟的人员也应该满足基本的条件，包括能力、信誉、态度及资金。首先，加盟商要有积极进取的职业精神，作为一个店铺的负责人与领导者，要有能够引导员工的基本能力；其次，加盟商要有经营店铺的资格，有个人信誉或商业信誉问题的人员并不具备成为加盟者的资格；然后，加盟商要有认真负责的工作态度，既然选择加盟企业品牌，就要有足够的耐心去了解品牌内容，并且也要有良好的服务态度，不能因与客户产生矛盾而为相关店铺带来负面影响；最后，加盟商也要有一定的经济能力，虽然企业总部在各个环节都会降低加盟商的投入成本，但是并不建议资金能力过低的人员参与加盟。

此外，轻加盟模式固然可以吸引更多投资者的注意，但是企业想要完全应用轻加盟策略却有些难度，为加盟者提供的诸多帮助大部分都需要企业来进行让利，没有足够的实力很难进行下去。企业的实力分为硬实力与软实力，硬实力主要是指企业的底蕴，企业需要有足够的人力、财力和物力来发展与进步，有时甚至需要这些资源有溢出，这样才有足够的实力去帮助加盟店发展生意；软实力则是指企业的口碑，能够让企业基业长青的关键是客户的认可，而长久以来客户的认可积攒起来就是口碑，拥有良好口碑的企业才能够更好地带动加盟店的发展，口碑就是一种隐形实力。

第七章

不设指标，尝试放任式销售

　　轻加盟模式中的企业总部与加盟商不存在绝对的管理与被管理的关系。在加盟店经营过程中，企业总部不会主动介入，而会授权加盟商去自由地管理与经营店铺，包括销售指标也没有固定数值。不同于传统加盟模式中企业总部的全面领导，轻加盟模式中的企业总部尝试放任式销售，鼓励加盟者用自己的方式经营店铺，为其提供可以自由发挥的空间，促进不同的店铺呈现多样化的形式。

第一节　价格一致，加盟商自由

参与轻加盟的投资者可以有自己的想法与考虑，企业总部允许加盟者采用个人方案经营店铺、区域宣传和销售产品，同时也不会对加盟商有指标要求。对加盟商而言，只要能盈利就可以一直做，而想要赚多少完全取决于个人意愿。加盟商经营自己的店铺，在多个方面都不会受到总部的约束，但是为了保证加盟体系内的公平性，所有加盟店的产品销售价格应当保持一致。特别要强调的是，不少人认为给加盟商过多自由会引起其产生"摆烂"行为，其实不必有这样的顾虑，因为任何人做生意都是为了盈利，当加盟商过于松懈时损失最大的是自己，所以无须太过担心加盟商的"摆烂"问题。

一、企业如何实现价格一致

企业在为加盟商提供发展机会的同时，也是为自身开拓了一个新的发展方向，也就意味着参与加盟的投资者越多，取得成功的加盟店铺越多，企业越是乐见其成。企业允许与授权诸多的投资者加盟，就难以保证所有店铺的产品销售价格一致，所以如何实现价格统一是必须思考和解决的问题。如果企业不重视产品价格的统一性，就会出现乱价的情况，一方面会影响企业品牌在消费者心目中的正面形象，另一方面也会在考虑加盟的投资者心中设立一道障碍。

（一）价格不一致的危害

不同加盟店的产品标价不一致造成的店铺价格差异，微观上影响了所在企业的发展和加盟店的运营，宏观上也扰乱了行业内的价格体系，是一个容易引起多方不满的行为，对企业的品牌形象有很大损害（如图7-1所示）。

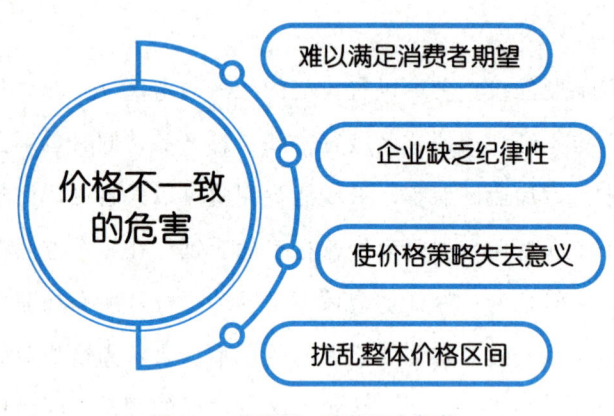

图7-1 价格不一致的四个危害

1. 价格不统一使得企业难以满足不同销售区域消费者的期望，会迫使产品的销售额下降，对企业的经济利益有直接危害。

2. 价格混乱在潜在的投资者看来就是企业缺乏纪律性，降低了投资者加盟企业的欲望，使企业对投资者的加盟吸引力逐渐变低。

3. 店铺随意更改由企业确定的产品售出价格，会让企业对产品做出的价格定位策略失去意义，间接地影响了消费者对品牌的认可度与信任程度。

4. 行业市场是一个正向竞争的环境，少数店铺的恶意改价可能会扰乱整体的价格区间，在影响其他企业发展的同时，也损害了自身在业内的口碑。

（二）实现价格一致的方式

轻加盟体系内的企业与加盟店、加盟店与加盟店的关系都比较亲密友好，但是企业也很难保证所有店铺都不会更改产品价格，为了减少某些店铺恶意改价对企业造成的危害，从根本上解决问题最为关键。

1. 企业可以与加盟商签订有关产品定价的协议，明确提出对价格的规定与要求，确保产品在被售出时的价格不得超出规定的价格区间。

2. 针对已经出现的胡乱定价行为，企业应该及时采取适当的处理手段与措施，让加盟商受到警告。

3. 企业接受任何群体的反馈行为，只要发现加盟店存在乱价行为，无论是谁都可以向企业举证说明，企业在调整加盟店行为的同时，也要给予举证者奖励。

二、经销商自由经营的好处

【案例】

小葛的家庭条件优渥，在大学毕业后就进入自家公司工作，拥有名校学历的他入职后不久就开始管理一个部门，因为有家人的额外照顾，他过得很是轻松潇洒，但一次偶然的机会打破了这片宁静。某天，公司内的高层领导与大部分员工都外出参与集体培训，公司内只有小葛和几个实习生"坐镇"。忽然来了一位难缠的客户，面对客户的咄咄逼人，小葛与实习生节节败退，一直持续到培训结束，这位客户才被赶回来的公司领导安抚下来。事后，虽然大家都认为这只是工作中的一个小插曲，但是这件事却引起了小葛的深思，他意识到再这样颓废下去不是好现象，经过深思熟虑后他决定离开公司，一个人出去闯荡一下。

几年间，小葛就职过很多企业，但是一直未能实现自己的目标。在多番了解过后，他决心参与加盟云仓酒庄，因为他认为该企业同意经销商自由经营的特点很有可能是实现自我成长的一次机会。在经营加盟店期间，小葛不定时地会遇到很多困难，云仓酒庄的态度是先观望、后参与，也就是观望小葛是否有解决本次问题的能力，在确定他无法解决时才会适当参与。于是，就在这样一次次尝试与摸索之中，小葛逐渐成长为一个能够独自面对困难、解决问题的管理者和经营者，由此可见，经销商自由经营不仅可以在一定程度上解放云仓总部，还可以促进经销商个人能力的提升。

企业支持经销商自由经营店铺的理念与企业内部的放任式管理策略有很多相似的地方，但却是"取其精华，去其糟粕"的一个升华尝试，两者的特点对比如下：

放任式管理特点：事前不布置，事后不检查；权利完全授予个人，个人极度自由；没有规章制度，完全依靠自觉。

经销商自由策略特点：事前不布置，事后有分析；给予经销商自由，引导式制约；没有具体的制度规定，但有行为界限设定。

放任式管理更像是野蛮生长，而经销商自由策略则是陪伴式的鼓励，经销商可以根据自己的想法合理地经营店铺，企业总部只会督促着经销商不断地向正确的方向发展，所以说后者的弊端较少，有采用的必要。让经销商自由地经营店铺，可以提高经销商解决问题的能力，增加团体的凝聚力，并减少企业与加盟商的冲突（如图7-2所示）。

经销商自由经营的好处
- 提高经销商解决问题的能力
- 增加团队的凝聚力
- 减少企业与加盟商的冲突

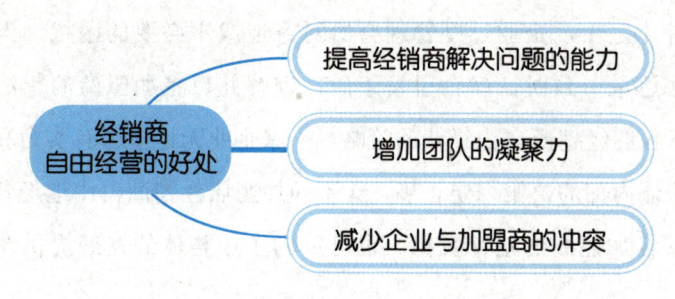

图 7-2 经销商自由经营的三个好处

（一）提高经销商解决问题的能力

经销商自由经营策略会促使经销商逐渐拥有独自面对困难和解决问题的能力。企业会通过提前了解与备案，掌握经销商的能力上限，在判断出店铺问题的难度后，留出足够的时间与空间让经销商发挥个人能力去处理，在不影响店铺正常运营的同时，让经销商在历练之中积累经验，促进经销商提高自身解决问题的能力。

（二）增加团队的凝聚力

一个店铺的经营状况不止依靠店铺管理者一人，还依靠就职于店铺内的所有员工。企业放任加盟店自由发展，店铺发展良好就代表着员工报酬增加，为了店铺及个人利益，员工们都愿意运用自己的智慧为店铺发展出一份力。在经销商自由经营的情况下，加盟店的员工必须摆正自己的工作态度，在这样的环境中工作，躺平不可行，躺赢不可能，只有真正有能力的人才能融入集体并服务集体，企业也就可以在店铺快速发展的同时增加团队的凝聚力。

（三）减少企业与加盟商的冲突

当企业对加盟商没有过多的管理与干预时，就能够有效避免直接指挥与管束带来的不快与矛盾，使得企业与加盟商之间的冲突减少，塑造两者之间友好共赢的合作关系。成为加盟投资者的人大多是有能力却缺乏机会的有才之士，企业过度管理会给对方造成不必要的困扰，当双方的想法无法达成一致时，就会引发矛盾，理解并尊重加盟商的想法与做法是一种深入的经销商自由经营的策略。一家企业无论多么有实力和眼界，也无法保证内部的决策一定正确，让不同加盟店经销商自由地经营店铺，既能够减轻加盟商的精神负担，也可以为企业整体的发展提供新的思路与活力。

第二节 界定赚钱尺度，保证有人干活

轻加盟模式采用的盈利策略是低利润累积，即缩小产品价格与成本之间的差距，企业总部及加盟商需要贯彻始终的理念是"赚得少就可以卖得久"，这就要求企业界定赚钱的尺度，但太过苛刻地降低价格，就容易导致没有人愿意干活。薄利多销是很多企业都认可的营销策略，但是想要真正做到并没有想象中那般简单，轻加盟体系的参与环节主要包括企业总部、加盟经销商和客户，需要明确将利润留在哪个环节，也就是谁可以赚到钱。同时，让加盟经销商遵循"赚得少可以卖得久"的原则，就需要关注加盟商的经营动力，帮助加盟商维持活力是必要的关键举措。

一、界定赚钱尺度——获得消费者口碑

薄利多销的策略有很大的发挥空间。赚得少就需要降低产品的价格，在此期间加盟体系之内的参与者都会面对利润减少的情况，那么在这个过程中该将利润留在哪个环节呢？谁又可以赚到钱呢？事实上，采用"赚得少可以卖得久"的策略，可以让企业总部、加盟商和消费者都获得相应的利益，是一个有利于多方的选择（如图7-3所示）。

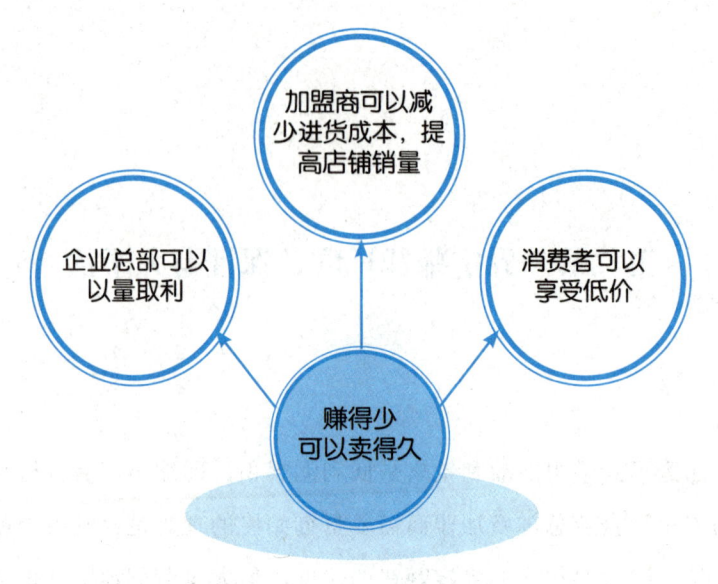

图 7–3 "赚得少可以卖得久"的三个好处

首先，企业总部可以以量取利。企业总部销售产品的方式主要有两种，分别是批发与零售，批发是指按照批发价格向经销商出售大数量的产品，零售则是直接以商家的身份出售给终端消费者。批发价一般会比零售价低一些，但是采用"赚得少可以卖得久"的策略后，批发价与零售价通常都会低于竞争对手的价格。当批发价格较低时，企业的经销商会增加，能够推动产品的销量提升；当零售价格较低时，企业的客户好感度更高，能够维持产品销量的稳步提升。通过薄利多销，企业总部可以不断提高产品的销量，通过产品销量的增加来提升最终获取的利润，所以说企业认可"赚得少可以卖得久"策略的作用，就可以实现以量取利。

其次，加盟商可以减少进货成本，提高店铺销量。加盟商是轻加盟模式中企业总部的主要经销商，企业降低产品批发价格的最大受益者就是加盟商，也可以说企业降低产品批发价格的主要目的就是给加盟商创造利润，使得加盟商可以以较低的进货价格获取产品，同时也可以通过较低的销售价格吸引更多的客户关注，从而在为店铺增加销量的同时积攒客户数量，维护客户关系。

最后，消费者可以享受低价。对消费者而言，只要产品的质量与作用符合自身要求，基本需求就可以得到满足，相比之下价格更低的产品必然更具吸引力，轻加盟模式一直强调"赚得少"，直接结果就是产品的售价偏低，用低价来获取消费者较高的满意度。企业和加盟店共同贯彻薄利多销的策略，内部优势是自身获利。从外部因素来分析，消费者也是直接受益者，不仅可以享受低价，还可以确定固定的购买对象，减少了下次购买产品的思考、比对与选择的时间消耗。

二、保证有人干活——维持加盟商动力

尽管"赚得少就可以卖得久"的理念一直被讲解与分析，但是难免还是会存在一些疑问的声音。产品的价格降低短期内会直接降低企业利润，这样很容易打击企业积极性，尤其是作为合作伙伴的加盟商，如果没有足够的利润吸引，经销商还会愿意干活吗？这一问题确实是必须解决的，那么企业就需要采取必要的措施和策略去维持加盟商的动力。发现问题后制订策略是一件耗时且需要试错的事情，在确定应用轻加盟模式之前，企业会通过实践来确定维持加盟商动力的有效措施。多次的尝试与测试结果显示，降低加盟商的期望、认可兼职与副业、不断开拓消费者市场和加强与加盟商的沟通是效果较佳的几个方法（如图7-4所示）。

维持加盟商动力的措施：降低加盟商的期望、认可兼职与副业、不断开拓消费者市场、加强与加盟商的沟通

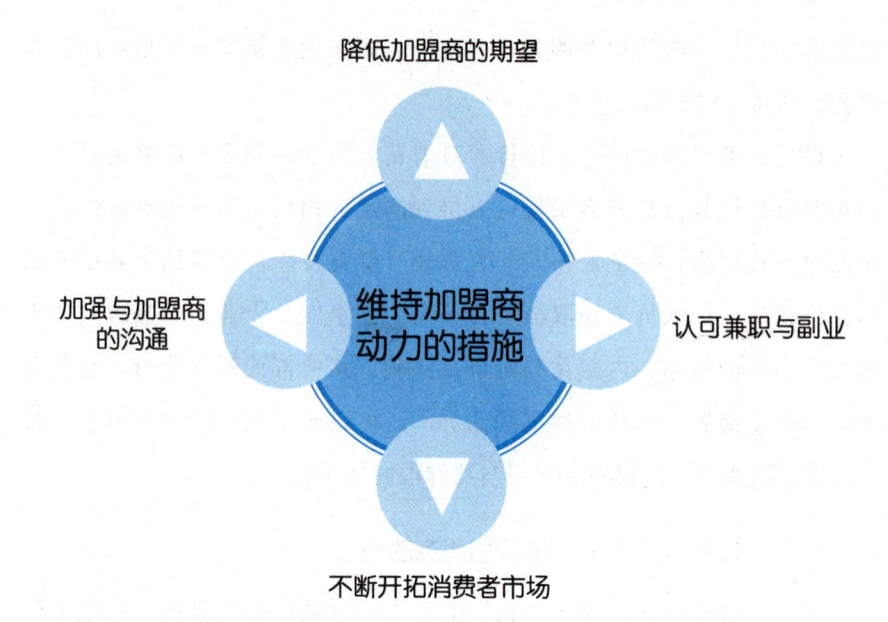

图7-4　维持加盟商动力的四项措施

（一）降低加盟商的期望

加盟商都是抱着"大干一场"的想法参与企业加盟的，大多会对日后的店铺经营抱有很大的期望，但是任何模式的加盟都没有办法保证"万无一失"，而轻加盟模式的低价销售是一种与定价相关的营销策略。凡是策略，就会有实施不到位、结果不理想的情况出现，所以企业应该降低加盟商的期望。在没有明确结果之前，加盟商都应该保持观望的态度，而不是认为一定能成功。当加盟商对店铺经营成功的期望降低后，店铺只要经营得稍有起色，对加盟商来说都是好消息，也会增加加盟商的信心，同时如果一开始的期望较低，后期取得的成果就显得更有价值。

【案例】

云仓酒庄在培训中与加盟商沟通交流时，都是结合实际说话，企业一直贯彻的是"赚得少可以卖得久"的理念，所以加盟商不能有"一夜暴富"的幻想，而是要踏踏实实地稳步进入收益状态。

有这样一个案例出现在培训活动中，不同于以往的成功案例样板，这次的培训样板是两个店铺的对比。在分别确定要学习的店铺样板后，店铺C和店铺D都进入了正式营业的状态中。为了降低经营店铺的难度，两个店铺选择的样板店铺都是和自身情况相似的加盟店。

店铺C在看到样板店铺的成就后，认为自己只要完全按照对方的方法技巧经营店铺，就一定会取得成效。然而在经营的过程中，店铺遇到了没有预想到的突发情况，这是样板店铺也没有遇到过的情况，店铺C应对不灵活，从而影响了原有的发展节奏。因为一开始的期待值过高，这次意外情况和负面反馈打击了经营者的自信心和积极性，间接影响了店铺的经营进度。可想而知，店铺并没有如预想的那样经营成功。

店铺D同样羡慕样板店铺的成就，但是经营者明白不可能轻易成功，样板店铺的经历不可能与自己完全相同，提高抗压能力和解决问题的能力才是关键。店铺发展是一个需要时间和耐心的过程，在中途难免会遇到很多困难与挑战。由于店铺D的经营者提前做好了心理准备，所以面对没有预料到的困难时，他还是咬牙挺了过来。最终，店铺D虽然没能取得和样板店铺一样的成就，但是也发展得不错，经营者自身表示十分满意。

（二）认可兼职与副业

与传统的加盟与连锁模式不同，轻加盟模式允许加盟者以兼职或副业的形式参与，甚至可以是乐见其成。只要是企业的加盟合作伙伴，无论是主业还是兼职或副业，都可以得到企业的帮助与支持，能够保证加盟商较高的成功率。薄利多销策略如果实施不恰当，加盟商想要回本都会变得困难非常，而如果加盟商是以兼职或副业的形式参与，就不需要承担太大的经济风险，也就可以将"赚得少可以卖得久"的策略顺利实施下去，同时加盟商也会因为低风险而敢于尝试，经营的动力自然而生。

（三）不断开拓消费者市场

消费者的增加是对加盟商最大的现实激励，所以企业需要逐渐吸引更多消费者的注意，让更多的消费者看到产品除了低价以外的优点，让已消费客户成为固有客户，让潜在客户成为消费客户，实现消费者市场的不断扩张。开拓消费者市场的前期任务就是吸引消费者关注，企业可以鼓励加盟店开展产品营销活动、品牌推广活动等，让消费者更加深入地了解产品，使产品与加盟店在消费者心目中留下更加深刻的印象，让消费者的支持去激发加盟商的经营动力。

（四）加强与加盟商的沟通

企业要注重与加盟商的沟通。由于轻加盟模式对加盟店实施轻管理，所以两者之间在日常的工作中可能不会有过多的交流，但是这并不是企业对加盟店放任不管的理由，企业理应加强与加盟商的沟通，如此才可以更加准确地把握对方的实际需求。当店铺的经营遇到问题时，加盟商如果不能独自在短时间内解决，就需要企业介入给予帮助，假若此时企业的关注不到位，就可能导致加盟店的问题无法解决，从而打击加盟商的积极性，使其经营店铺的动力不断减少。企业总部应该安排专门的人员或组织不定时的交流会与加盟商进行沟通，让加盟商感觉自己不是孤立无援的，而是有企业总部作为依靠去面对激烈竞争的。无论是在经营顺利还是生意低迷的时候，企业都应该通过沟通给予加盟商认可与支持。

第三节 放任 ≠ 顺其自然

企业总部放任加盟商自由地经营店铺，是希望加盟商按照自己的想法将店铺往正确的、成功的方向运营与发展，而不是对店铺不管不顾。顺其自然是一种坦然的态度，但并不适合用在店铺的经营管理上，店铺的经营结果会因为加盟商的行为与企业总部的干预发生变化。放任不等同于顺其自然，企业希望加盟商有自己的想法与创新，加盟店可以发展成任意的样子，但是追求的结果都是成功与盈利，而不是顺其自然、不管盈亏。所以说轻加盟模式允许加盟商自由经营，但是企业仍然兼顾着监管的工作与任务。

一、什么是放任式策略

放任式策略是指企业总部对加盟店不进行过多干预，给予加盟店经销商自由的经营空间，店铺的营业时间、营销方式、销售措施等多方面的内容都由加盟商自行决定，可以自由发挥。放任式策略是轻加盟模式下的一种举措，代表着企业总部对加盟商做出的让步，旨在促进加盟店的多元化发展。而对于加盟店遇到无法解决的难题的情况，企业总部却不会继续放任，而是会结合加盟商的实际需求与实际能力适时地给予适当的支持，帮助加盟店快速走向成功。

既然选择采用放任式策略，那么如何放任就是必须要思考的问题，放任的时间与内容要准确，让这个策略的结果带着预想中的自由，而不是放任店铺孤军奋战。放任加盟商自由经营，但要适当提供助力；放任加盟商自由决策，但要适当规范行为（如图7-5所示）。

图 7-5　放任式策略的两个注意事项

其一，放任加盟商自由经营，但要适当提供助力。轻加盟的理念是希望加盟商做自己，成为企业的加盟伙伴不代表一定要跟着企业的节奏走。加盟商如果有可行的策略，就可以按照自己的想法来经营店铺，对企业总部来说，加盟店的独立与创新对加盟体系是益事。与此同时，加盟商自由经营的前提是有能力和实力，再好的策略没有足够的资源匹配，也难以做出成效。一般情况下，加盟商制订的经营策略所需资源要等同于自身能力或者稍高于自身能力，在企业提供一些助力后可以达到预期效果的策略才具有可行性。加盟商的自由经营应该是斟酌过后的尝试，而不是天马行空、不切实际的幻想。

其二，放任加盟商自由决策，但要适当规范行为。加盟商可以根据自己的想法自由地经营店铺，但是自由不是没有限制与尺度的，任何的店铺经营行为都应该是合理合法的，超出常理的行为不可取，越过法律的行为不能有。企业总部支持加盟商自由决策，但是针对店铺已经出现或者可能存在的不当行为应该及时制止与规避，所以轻加盟模式的放任式策略中企业总部是加盟店背后的支持者与监管者，而不是等待加盟店自身发力与挣扎的旁观者，企业总部承担着引导加盟店正确经营的责任。

二、放任的劣势

企业总部对加盟经销商表现出放任的态度，其出发点是让加盟商更加自由、更有创意地经营店铺，但管控力度不足的情况时有发生，最终结果是不可控的。有些加盟商会珍惜机会努力将自己的店铺做大做强，有些加盟商也可能放任自流而不认真经营。总而言之，放任的好处是可以为加盟体系增加创新、注入活力，但是也有明显的劣势——缩短部分加盟店的存活时间。

企业放任加盟商自由发挥，就代表着店铺的经营状况会由加盟商的主观能动性决定，愿意努力、不怕辛苦的加盟商会做得更好，相反，试图摆烂、想要躺平的加盟商则会让店铺走下坡路。放任式态度的优势应该被保持、被延续，劣势则需要被降低，此时就需要企业采取正当的、必要的措施降低放任所带来的不良影响。

三、持续吸引能够弥补放任的劣势

企业总部对加盟商持有放任式的态度，难免会出现管控力度不足的情况。客观地讲，加盟商就是总部的客户，总部盈利的前提就是客户增长值大于衰减值，所以需要持续吸引加盟商，通过加盟商的数量来弥补放任式策略可能带来的劣势。当加盟经销商的增加数量大于减少数量时，企业的加盟合作伙伴就会呈现增长的趋势，整体上增加的加盟店数量可以为企业产品带来销量，让企业在原有的基础上获得更多的利益，也就可以证明放任式态度具有可行性。

比如，云仓酒庄的放任式态度确实导致流失了一部分加盟合作者，但是同时也吸引了更多加盟商的到来，它通过持续吸引的做法弥补了放任式态度带来的劣势。

为什么云仓酒庄可以自信地认为在店铺数量有所减少的情况下，仍然可以保证总数量上的只增不减呢？对比传统加盟与云仓酒庄的轻加盟就可以得知缘由（如表7-1所示）。

表7-1 传统加盟与云仓酒庄轻加盟的对比

传统加盟特点	云仓酒庄轻加盟特点
加盟费用较高	没有加盟费用
店铺需要设置仓储空间	无需囤货、按照意愿进购货物
店铺需要按照标准装修	能不开店就不开店
退出加盟时难以收回加盟费	进货款可退
自行安排发货	由总仓和所在区域旗舰店分开发货
产品较为单一	产品多样化，包括红酒、啤酒、白酒、定制酒

因为云仓酒庄的轻加盟理念对投资者有更清晰强烈的吸引力，所以可以抵消掉放任式态度所导致的部分加盟店经营不善的劣势，使得放任式态度的优势最大化。

每一个加盟店铺的未来发展走向都是不能完全预知的，企业及加盟商能够做的就是根据店铺的现状估测后续的发展情况，但是店铺在经营过程中遇到的不可控因素与行业环境变化几乎不可预知，可能会使店铺的经营形势与预想不同。企业在享受成功店铺带来的益处的同时，也要接受部分店铺经营不理想的情况，这种接受虽然是被动的，但是企业可以主动降低此类情况带来的劣势，而持续吸引加盟者便是不错的应对措施。

第八章

困难重重，逐个攻破

　　轻加盟模式是一种利于加盟商、利于企业的策略选择，企业在肯定该模式的理想作用时，也需要清楚地意识到会遇到很多的困难与挑战，只有解决了问题、越过了难关，才可以享受到轻加盟模式带来的优势。管控力度因合作松散而不足、经销商因投入较少而不上心、店铺呈现非标准化而易转型、店铺因规模分层而缺乏标准都是轻加盟模式会遇到的问题，需要采取必要的措施逐个击破。

第一节　合作松散，导致管控力不足

轻加盟体系内的企业大多比较认可放任式态度，它们认为加盟商是有思想的独立的个体，应该有自由经营店铺的权利，而不是简单地做企业的附庸者，按照企业的规定与要求一成不变地建设加盟店。不同于传统加盟模式中类似于上下级的关系，在轻加盟模式中，企业总部与加盟商之间的合作关系更加突出，又因为一直遵从放任式原则与策略，就导致部分加盟商与企业总部之间的合作稍显松散，使得企业总部对加盟店的管控力度不足，这是企业需要关注与解决的问题之一。应对策略主要有以下几点（如图8-1所示）。

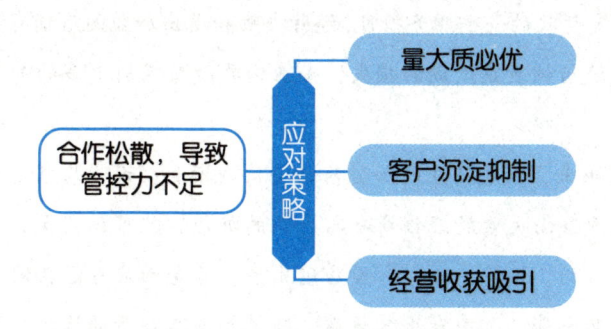

图8-1　合作松散的三个应对策略

一、量大质必优

轻加盟模式的轻管理在实质行动上放松了对加盟店铺的管控，让一众经销商自由经营店铺的同时，也会出现因管控力度不足而导致执行力不到位的问题。企业如果在发现执行力不足的问题后还不加控制，就会导致加盟店的存活率降低。站在企业的角度上思考，想要提高店铺存活率，就要设定店铺数量的增长率大于衰减率，即需要不断吸引新的加盟商参与进来。

加盟店数量增加，就会给企业增加筹码，一个店铺经营失败，还会有两个、三个，甚至更多个店铺出现，能够源源不断地维持企业的推动力。同时，轻加盟模式下的企业总部只是放松对加盟店铺的管控，并不是完全不管不问，一些店铺的经营失败会给企业积攒相关的经验，在面对后续成立的店铺时，企业便可以更加得心应手地辅助。由此可见，店铺的数量可以堆积经验，从而助力企业的进一步发展和更多加盟店的成功。

【案例】

云仓酒庄一直在持续对潜在经销商的吸引，加盟体系已然成为企业固定营收的一个业务项目，经营失败和退出加盟的店铺有很多，为了减轻店铺衰减造成的损失，企业需要持续吸引更多的加盟商参与进来。

近年来，云仓酒庄的加盟店数量持续增加，说明店铺增长率大于衰减率，而大量的经销商参与企业的加盟，就可以实现数量堆积质量的目的。试想，一个加盟店退出了，云仓酒庄可能在同一时间吸引来两个新的加盟商进入体系，随着加盟店数量的增加，能够经营成功的店铺数量也会增加。同时，云仓酒庄虽然不会过多参与店铺的经营，但是关于店铺的运营实情是会进行掌握与把控的。那些经营失败的店铺出现的诸多问题会被云仓酒庄收集并形成经验积累，从而成为培训内容的一部分被用来培训其他加盟商。

对于应用轻加盟模式的云仓酒庄来说，店铺的试错成本较低，所以可以采用"量大质必优"的策略，通过增加加盟店数量来促进大量店铺与企业的发展和进步。

二、客户沉淀抑制

客户是加盟店铺的支持者，同时也是另一种角度的监督者。因为有客户的支持，加盟经销商会具有使命感；因为有客户的信任，加盟经销商会产生责任感，因此会认真地经营店铺。

客户沉淀包括客户积累与客户稳固。客户积累是指吸引并增加客户，确定潜在客户群体才能够吸引新客户，增加新客户才有机会转化为老客户，所以企业需要让店铺知晓消费者定位和吸引客户的重要性；客户稳固是指对已有客户关系的维护，客户是很重视情绪价值的人，店铺需要重视客户黏性，一个客户不会无缘无故地认准一个店铺，所以经销商需要拿出具有足够吸引力的筹码来，包括服务、态度等。

比起企业总部的监管，客户对加盟商的督促更加有效果，因为客户的认可直接决定店铺的业绩与盈利，没有一个加盟商不喜欢盈利，企业需要做的就是让加盟商认识到客户认可的重要性与深远作用，使得加盟商从心底里自发地产生动力并提高执行力。

三、经营收获吸引

店铺的未来是促进加盟商产生经营动力的关键因素，在不干涉店铺正常经营节奏的情况下，企业可以为其绘制出大概的蓝图，让加盟商看到希望，从而保持期待。对一些自控能力较弱的加盟经销商而言，与企业总部的松散型合作很容易让他们丧失斗志，想要激发这些加盟商的积极性，就需要有足够的利益吸引。

对一个店铺的经营者而言，最能促使他去努力、去付出的理由就是店铺未来的光明前景，同时也是可以通过努力实现的可靠目标。当加盟经销商明确意识到"执行有未来，不执行无未来"的时候，就会产生采取实质性行动的紧迫感，也就可以提高执行力了。

第二节　投资少，经销商不上心

与传统的加盟相比，轻加盟的投资较少，容易使加盟者不太在乎生意。为了提高加盟商对店铺的重视程度，企业可以通过培训来引导加盟商用心经营。有人开玩笑说："自己的失败固然可怕，别人的成功却更催人难过。"这也就说明了成功案例对其他店铺有强烈的、明显的刺激性，企业如果能够将这一点运用得当，便可以很好地避免加盟商的不上心问题。

一、成功案例可以刺激积极性

轻加盟模式提倡轻投资，企业总部支持加盟商少投资，在减少加盟商资金压力、降低经营风险的同时，加盟商很有可能会因为投资较少而不在乎、不重视。但加盟商投资再少，也是自身资金的一次支出，只要让加盟商看到成功的曙光，就一定可以激发其经营的积极性。

低投资、低成本对应着小生意，企业可以通过在培训活动上讲解成功案例来激发加盟商的积极性，当加盟商了解到与自己同等规模或者更小规模的店铺都能取得良好成效时，就会获得极大的鼓舞，提高努力经营的积极性。除此之外，成功案例不仅有刺激与激励作用，还具备模板教学的作用，加盟商们可以从取得成功的案例店铺中学习有用的方法与经验，将其化为己用。

【案例】

　　店铺A与店铺B是云仓酒庄的规模相似的两个加盟门店，因为酒庄的加盟店众多，两个店铺所在区域不相同，所以两家店并没有了解过对方的存在与经营状况。

　　两家店铺都是从小生意入手做起，但是经营者的态度却恰恰相反。A店铺的老板感觉自己投资很少，即使经营不成功也不会有多大亏损，所以营业的态度一直不积极，使得店铺一直处于存活的临界点；B店铺的老板则认为这是一次来之不易的机会，因为投资少，做出任何的尝试都不用承担亏损的风险，于是便放手大干，不断地尝试着创新，持之以恒的他终于将店铺经营得有声有色，拥有了很多稳定客户和销量。

　　店铺B的成功经历被云仓酒庄看到并收录起来，在一次培训活动上，培训人员详细介绍了店铺B的情况，参与学习的店铺A加盟商发现自己的起点与对方相同，经营结果却是天差地别，于是产生了一股不服输的气势。他仔细地分析与了解了店铺B的经营方法，从中筛选出对自己有用的信息内容，在经验积累与心有坚持的助力之下，店铺A的生意也越做越好、越做越大。

二、助力加盟店分析倦怠原因

　　加盟店的经营状况受经营者的积极性影响，当加盟商表现出不积极的态度时，企业总部就不能再坚持不参与原则了，而是需要及时地了解与分析影响加盟商积极性的因素，并采取实质行动来帮助加盟商调整状态。

　　（一）加盟商不积极的原因

　　企业总部对加盟店的帮助需要在知晓原因的前提之下进行。导致加盟商不积极的原因可能有很多，包括团队建设、销售策划和产品质量等问题（如图 8-2 所示）。

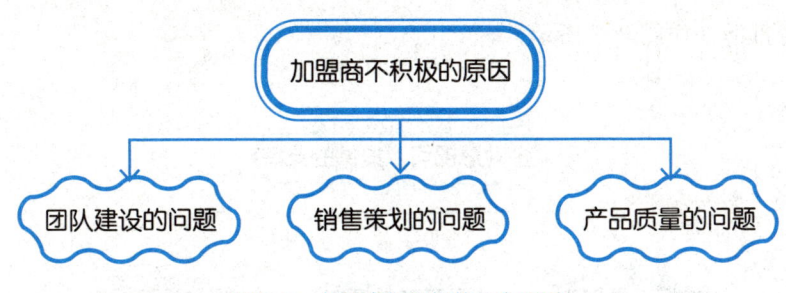

图 8-2　加盟商不积极的三个原因

首先，如果是团队建设方面的问题，企业总部能够做出的干预工作其实并不多，因为在轻加盟模式中，店铺的人员构成基本由经营者自主决定。但企业总部在不能随意变更店铺人员组成的情况下，可以适当地调节团队成员间的氛围，也可以进行相关的培训，助力店铺团体凝聚力的提高。

其次，如果是销售策划方面的问题，企业总部可以考虑是否是加盟商的经验不足导致策略出现问题。此时企业总部就可以"施展拳脚"，从已有的经验中筛选出适合店铺的方案内容，让加盟店的工作有理论与实践的依托，助力加盟商将原来的销售策划改善妥当。

最后，如果是产品质量方面的问题，企业总部就需要进行自我反思了，因为作为加盟商的产品提供者，产品问题就是企业总部的工作存在不足的表现。此时企业总部就需要从生产源头解决问题，同时也需要为自己的工作失误负责，对加盟商进行有力的弥补，从而维持与加盟商的长期友好合作关系，不至于寒了加盟合作伙伴的心。

（二）企业总部可以提供的支持

加盟店的经营态度不积极，不仅仅是加盟经销商个人的问题，有时店铺内的所有人员都会产生倦怠情绪，而作为加盟店的重要助力，企业总部可以提供的支持工作主要有进行人员培训、展开能力考核、规划运营标准等（如图8-3所示）。

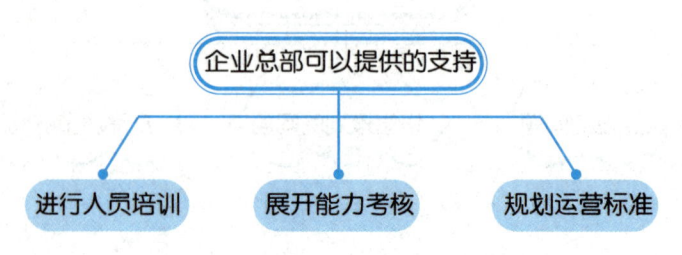

图8-3　企业总部可以提供的三项支持

首先，进行人员培训。店铺内部员工的行为与心态影响着店铺的经营状况，在加盟商没有足够精力的情况下，企业总部可以提供专业化的培训，让店铺员工行为更加标准、心态更加良好。

其次，展开能力考核。当加盟商经营经验不足时，在招聘与筛选员工时容易出现纰漏，员工能力参差不齐也会影响店铺整体的工作积极性，"能者多劳"在此处明显不公平。企业可以助力加盟店展开能力考核，对能力不足的员工进行培训，对态度不佳的员工进行淘汰。

最后，规划运营标准。由于轻加盟的加盟门槛较低，加盟商的个人经营能力也会有所不同，企业需要进行差异化的帮助，当加盟商出现态度不积极的情况时，企业应该分析是不是经验不足、能力不够等因素导致的，并给予针对性的帮助。

第三节　非标准存活率低，且易转型

轻加盟认可与支持非标准化店铺经营模式，为众多的投资者提供了一条崭新的道路，但是也有不少人表示质疑，认为非标准店铺的存活率不高，容易导致店铺转型。为了打破质疑，企业要为加盟商提供充足的保障，作为轻加盟企业的加盟合作者，加盟商没有库存压力，只要能够盈利就可以一直存活，即使无法存活也不需要因亏损过多而被迫转型。

一、打破非标准存活率低的质疑

非标准化店铺不追求高利润、高收益，店铺在初期只需要保持在存活的临界点即可，然后一步步完善经营状况，从不赔钱到赚得少，再从赚得少开始学习如何赚得多。轻加盟模式下的加盟店形式多样化，可以是代理店、专卖店、店中店……不同形式、不同规模的店铺有不同的存活方式，只要方式合理合规，店铺想要顺利存活并不会特别困难（如图8-4所示）。

打破非标准存活率低的质疑
- 低成本可以做到不赔钱
- 赚得少可以积累客户量
- 赚得多可以提高存活率

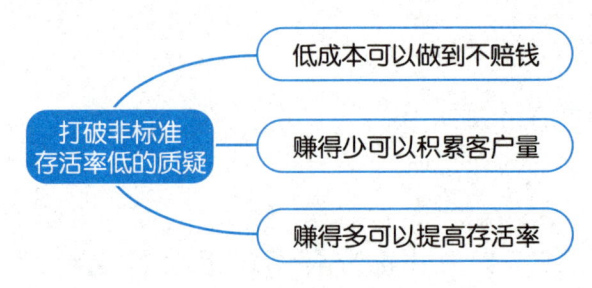

图 8-4 非标准店铺存活的三个关键

（一）低成本可以做到不赔钱

非标准化店铺大多是低成本、少投资的，店铺的规模受成本投入影响，但是相应的因为成本较低，所以加盟商可以轻松做到不赔钱。当加盟商的投入资金较低时，店铺想要在短期内实现大额盈利还是比较困难的，"播多少种，收获多少苗"，受投入资金限制，加盟店初期的收益大多不显，对于这样的店铺，不赔钱就已经是存活了。

当投入的成本足够低时，对加盟商而言就相当于没有投资，如果店铺没有亏损，就可以认为加盟商在零成本的情况下经营了一家店铺，没支出、没收入，但是拥有一家店铺何尝不是一种收获？这种情况下，不赔钱的加盟店照样可以存活下去。初期的不赔钱能够维持店铺的生存，为后续店铺的发展奠定基础，店铺存活是取得收益的基石，只要店铺在，就有发展壮大的希望。

（二）赚得少可以积累客户量

随着店铺的不断发展与运营，加盟商的经营经验会逐渐丰富，店铺也就慢慢地可以获得少许利润。轻加盟一直强调的理念就是"赚得少可以卖得久"，加盟店一开始获取较低利润恰好与轻加盟理念契合。店铺之所以赚得少，一方面是因为建立时间不长，能够吸引到的客户数量有限，从而限制了店铺的产品销量；另一方面则是因为产品的定价较低，单个产品所能获取的利润较少，在销量起来之前都很难有明显的收益。

从表面上来看，降低产品价格为店铺带来的利润较少，但是从长远的角度考虑，产品在保证质量的同时，定价较低会让消费者感觉到明显的高性价比，如此便可以获得较高的客户认可，从而能够为加盟店积累客户量，这是店铺未来发展的最大助力。

（三）赚得多可以提高存活率

店铺的总销量是提高存活率的关键，当店铺进入经营的成熟阶段时，前面积攒的客户将成为稳固店铺收益的因素，为店铺持续吸引新客户提供足够的时间。老客户关系得到维护，新客户数量持续增加，使得加盟店的销量只增不减，也就可以赚到更多的资金，最终可以提高店铺存活率。

加盟店铺能够不赔钱就可以存活，不赔钱逐渐转化为赚取少许的资金，之后便可以转化为赚取更多的资金，而赚取到资金也就可以助力店铺稳定存活。总而言之，不赔钱、赚得少、赚得多、稳定存活是非标准化店铺发展的过程，只要按部就班地经营，就可以有效提高非标准化店铺的存活率。

二、易转型的防范

轻加盟模式更偏向于投资者以线下门店的形式参与加盟，因为比较注重消费者对产品的真实体验感，所以需要防范店铺向线上模式转型。受店铺规模、投入资金的限制，很多加盟店没有太大的空间来陈列和储存较多的产品，所以加盟店会担心进货问题。其实，企业总部会为加盟店持续进货做保障，加盟商不需要消耗资源设立仓库，需要多少产品就购入多少，企业会在第一时间将货物提供到位。对于产生退意的加盟商而言，因为没有库存压力，也就不需要通过转型来减少亏损，在经营店铺期间，加盟商并不需要购入很多产品，所以也无货可退或进行其他处理。

【案例】

　　李华与云仓酒庄有着深入的合作关系，因为比较向往安逸宁静的生活，所以没有扩张店铺的想法，便一直经营着自己的小店，有稳定的客户基数，也不会受烦琐的工作任务所累。李华的店铺面积较小，没有储存产品的空间，小订单由店铺提供货物，大订单则由云仓总部或旗舰店发送货物，并不会因为店铺规模限制经营。

　　几年来，李华一直维持着稳定的收入，在近期他对自己的积蓄已经满足，决定回老家享受生活，于是决定退出对云仓酒庄的加盟，想要将店铺转让出去，并建议对方可以继续做自己的加盟生意。接手李华店铺的人员一开始并没有多大意向继续先前的加盟工作，但是担心自己退出加盟时会有大量亏损。经过调查，他发现李华的店铺没有库存，企业总部一直承担着店铺的仓库任务，使得李华在结束加盟时没有退货，也不赔钱。看到如此场景，接手店铺的人急忙向李华了解了加盟的详细内容，在知晓诸多的便利与优势后，他决定听从李华的建议，也和云仓酒庄达成了加盟合作的关系。

第四节 店铺规模分层，缺乏标准

随着轻加盟模式的深入贯彻，企业的加盟店形式逐渐多样化，有人开设小店，也有人想要开设大店。小店的投入资金少、存活率较高，很多投资者都是奔着开设小店而来加盟的，企业也很支持小店数量的增加，但是不代表不需要大店。一个企业的加盟合作店铺有很多，随着加盟规模的不断扩大，加盟店分布的区域有很多，仅仅依靠企业总部提供保障可能出现"远水救不了近火"的情况，此时大店就可以发挥中心支撑的作用。

一、店铺规模分层是必然现象

轻加盟模式注重加盟店的多元化，与传统加盟模式要求的统一规模不同，秉持轻加盟理念的企业更加希望可以有各式各样的加盟店出现，所以店铺规模出现分层是必然现象。轻加盟模式下的店铺规模有很多，主要包括大店、中店和小店，此外还需要注意一个特殊的店铺形式——样板店（如图8-5所示）。

店铺规模的分层
- 大店少而精
- 中店稳定发展
- 小店易存活
- 样板店作用明显

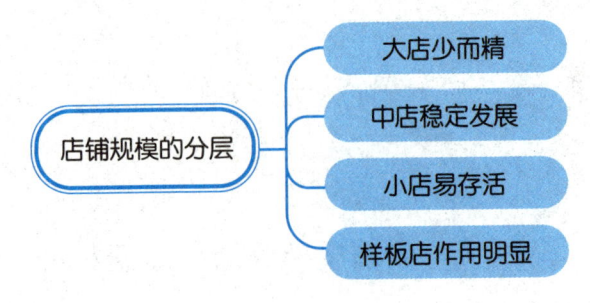

图 8-5　店铺规模的四个层级

（一）大店少而精

资金充足、追求快速盈利的投资者可以选择加盟建立大店，一般情况下，大店会设有独立的仓库，向总部批量进货后开始独立经营，从销售、配货到售出都由店铺自主负责与完成。

大店的特点是投资多、风险大、回报高，需要加盟者有强劲的实力与足够的魄力。店铺规模越大，加盟经销商承担的压力就会越大，所以在加盟成立大规模店铺前应该做好充足的准备，提升店铺的存活几率。

（二）中店稳定发展

中型店铺是介于小店和大店之间的一种规模，在店内会储存一定数量的产品，可以满足部分客户的中小型订单，面对大数额订单，店铺经营者可以向企业总部或中心店提交需求，由对方提供产品。

投资建设中型规模加盟店的加盟商，通常有一定的资金成本，同时不想承担较大的经营风险，此类店铺在企业总部的助力之下一般可以维持稳定的盈利，随着经营时间的增加，底蕴也会变得更加深厚。

（三）小店易存活

允许加盟者投资建设小店是轻加盟模式吸引众多投资者的一大原因，轻加盟模式的轻投资理念为更多有创业意向却受经济制约的投资者提供了发挥自身能力的机会。

小店更像是产品销售的中转站，客户到店体验产品后如果有购买意向，便可以让店铺经营者向企业总部或所在区域的中心店申请送货，生成的订单可以为小店带来利润，这就是小店存活率高的原因所在。

加盟建设小店是投资者的起点，身为店铺的经营者，在店铺获得不错收益后，可以选择继续经营小店，维持稳定的经济来源，也可以选择利用所得利润扩张店铺，向大规模店铺不断靠拢。

（四）样板店作用明显

所有类型的店铺都会有失败的先例，也会有成功的案例，而在每个类型中有突出效果的店铺就可以作为样板店出现在企业的培训内容之中。

成为样板的店铺不受规模限制，其中只要是采用的成功的策略都可以被企业收录起来。样板店的成功，一方面可以为其他店铺提供参考模板，为加盟商们指导经营店铺的方法与技巧；另一方面也能够激发其他店铺加盟者的积极性，激励他们正视难题、攻克难关，实现店铺的良好发展。

二、大店标准化的意义

轻加盟模式中，很多店铺都是非标准化设立与经营的，但是大店在保留自身风格的同时，还是需要按照标准化流程发展，因为大店经营涉及的内容较多，非标准化容易导致信息错乱。轻加盟模式重视店铺与店铺之间的联系，大店不是独立于体系的存在，所以在发展自我的同时，也要照顾到周边的小店。大店标准化能够更好地服务于小店、丰富店铺自身的功能、给有能力者提供机会和减少企业总部的工作量（如图 8-6 所示）。

图 8-6　大店标准化的四个意义

（一）更好地服务于小店

大店标准化后可以将服务小店作为一项任务来规划。当小店提出需求后，大店可以按部就班地为其提供服务，不至于因为突发情况而应对不及。大店能够自然轻松地服务于小店，不仅不会耽误自身的运营，为店铺带来相应的收益，还可以维持小店的正常运营，促进小店更好地发展与进步。

（二）丰富店铺自身的功能

大店的经营任务不仅有产品销售，还包括产品展示、客户洽谈和需求定制，具备如此多的功能，大店就需要向标准化方向发展，这样才能够保证店铺可以有条不紊地兼顾这些任务与责任。产品销售是加盟店的基本业务，即向消费者销售店铺陈列的产品；产品展示是指向消费者展示产品外观、介绍详细信息；客户洽谈是指与客户进行深入的交流，根据对方的需求为其提供产品与服务；需求定制是指针对有特殊需求的客户，店铺可以为其制订有针对性的服务方案。

（三）给有能力者提供机会

经营大店不仅需要财力，最重要的是需要有足够的管理能力。有能力的加盟商在不断发展店铺的同时，也获得了施展自身能力的机会。企业在大力吸引小店加盟商的同时，也允许投资者建立大规模加盟店，为有实力的投资者和积攒实力的投资者提供可以更好发展的道路。

（四）减少企业总部工作量

轻加盟提倡卫星店模式，即在一个销售区域之内，多个小店围绕着一个大店而建设，处于中心的大店就相当于该销售区域内的企业总部，因为其承担的工作量与企业总部基本相同。作为卫星店模式中的中心店，大店需要充当小店的仓库，还负责小店的产品运输，这些都是企业总部的工作，正因为有大店的存在，企业总部的工作量才有所减少。

第九章

轻加盟，未来王者

  轻加盟是一个介于新与更新之间的店铺经营模式，是企业与加盟商的平等合作模式，它不是一个刚刚被提及的理念，而是已经有很多企业选择尝试过的。尽管如此，看似简单的理念应用起来也颇具难度。轻加盟是站在企业、加盟商与消费者多个角度思考与归纳出来的理念，不仅能够促进企业发展，也能够助力加盟店运营，还可以收获消费者的高度评价，很多人认为轻加盟在未来会成为各个行业关注和认可的焦点。

第一节　轻加盟的践行者

轻加盟是一种较为新颖的理念，一些企业选择采用并取得了实效，这成为让外界认可它的筹码，引得不少企业争先恐后地尝试。但是，最终能够真正意义上成功实现的企业并不是很多，也就说明这一理念能够带来实效，可落实起来并不容易。一个企业如果想要让轻加盟理念发挥出理想中的效果与作用，不仅自身需要付出诸多努力，还需要参考前车之鉴，应该深入地了解与分析成功的企业是如何做的，从别人成功的历程中汲取可以为自己所用的经验，这样能够大大提高自己企业的成功率。

一、践行者，行动先行

轻加盟的践行者不一定是"第一人"，在他之前可以有无数个尝试的人，但是只要勇敢地迈出第一步，任何企业都可能成为具有不小影响力的践行者。我们经常听到有人说"勇敢的人先享受世界"，那么敢于先行尝试与行动的企业，也可以更早地了解与感受轻加盟理念带来的效果与益处。机会是留给善于把握之人的，企业既然知晓与认可轻加盟理念的良好效果，就应该及时地做好准备与策划，将理念与理论落实到实际行动之中，迈出成为践行者的第一步。

（一）何为践行者

践行者，是指拥有自我信念并不断追求理念实现的人。在贯彻轻加盟理念的过程中，践行者不仅仅是指努力追求目标的个体，更多的是代表着那些上下齐心、努力奋斗的企业团体。一个企业的成功不仅仅依靠领导者、管理者等高层人员的带领与引导，还需要企业内部每个层级的每一名员工的共同努力，他们都是理念的践行者。能够被称为践行者的人，往往都比较重视实践，比起停留在认可与理解环节的人，践行者更重视行动的落实，他们将自己的想法转化为实际的行动，在实践中感受理念的可行性。践行者是不断成长与不断收获的一个积极向上的群体，在追求自我目标的同时，他们也在逐渐地完善自我、实现进步。

（二）践行者的心态很重要

践行者是行动的先行者，自身的心态在很大程度上会影响企业决策与行为，谦虚谨慎、积极乐观、勇于尝试和坚持不懈是一名践行者应该保持的心态（如图9-1所示）。

图9-1　践行者的四个重要心态

1. 谦虚谨慎。不论自己能力如何、地位如何，没有任何一个人可以绝对保证不存在比自己更优秀的人，企业同样如此。"人外有人，天外有天""不耻下问"是一个成熟的企业应该明白的道理，对于优秀的轻加盟经验，企业应该谦虚谨慎地学习，以一个学习者的姿态去践行轻加盟理念，可以有效地完善日常的工作内容，使得理念的落实成功率提高。

2. 积极乐观。对很多企业来说，践行轻加盟理念是一次全新的大胆尝试，需要做出新颖的、前所未有的决策，有阻碍、不顺利的情况在所难免，此时企业应该以一个积极乐观的心态去面对。没有一个企业的成功是不经历艰难险阻的，越是经历过困难的企业越有韧性，在未来发展的过程中也有更多经验及技巧去面对不可预测的问题，所以积极乐观的心态是一个企业成功的必要条件。

3. 勇于尝试。再美好的畅想不能落实到实际当中去，都只能是幻想，只有真正实现的目标才是属于企业的荣誉与成就。针对轻加盟这样新颖且成效不错的模式与理念，企业应该勇敢地尝试与实践，将其中的优势努力发挥出来，成为企业蒸蒸日上的推动力。

4. 坚持不懈。在实践轻加盟理念的过程中，企业无法判断出困难与阻碍会出现在哪个阶段，可能是开始，可能是中途，也可能是临近结束。"万事开头难"，如果企业在行动之前就发现严峻的挑战，积极性很有可能受到打击，而面对一开始的困难，企业需要鼓足勇气迈出第一步。轻加盟理念的落实不是一时之功，需要企业砥砺前行，一步一个脚印地踏实前行，在中途可能会遇到或多或少、或难或易的困境，此时就应该坚持不懈，相信"柳暗花明又一村"。"日出之前的凌晨最为黑暗"，很多时候，跨过所认为的难关之后就会走向成功，在轻加盟即将落地之时，企业可能会遇到难以把控的问题，如果此时放弃就会前功尽弃，而只要坚持不懈，就可以实现目标，取得成功。

取得成功的践行者，往往拥有强大的意志力与信念感，他们对未知的困难不会畏惧，凭借着对目标的坚持与追求，不断地攻克难关。每一次的困难与失败都不会成为中途而废的理由，而是会成为一次经验的积累与总结，为最终的成功打下基础、做好铺垫。践行者总是具备良好的心态，谦虚谨慎、积极乐观、勇于尝试和坚持不懈的态度助力他们成为别人眼中出色的先行者。

（三）践行者可以发挥自身价值

践行者在深入贯彻轻加盟理念的同时，还要发挥出自身的价值，促进轻加盟理念得到升华。一个良好的营销理念，一方面可以促进一个企业的快速发展，另一方面也可能推动行业及社会的进步，它的作用是深远的，而助力理念发挥作用的过程也就是企业践行者发挥自身价值的过程。践行者能够实现自身价值的途径有很多，比如创新实践、分享经验、参与社会活动等（如图9-2所示）。

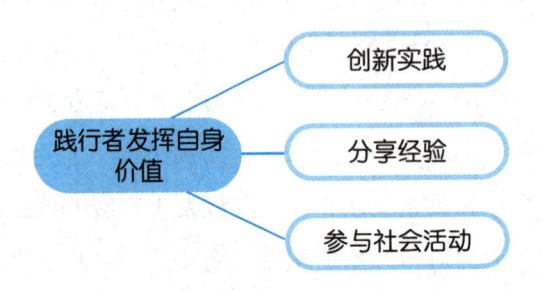

图9-2　践行者发挥自身价值的三个方法

1. 创新实践。轻加盟是一种新颖的理念，其适合的行业与领域有很多，新颖的理念需要有新颖的做法来配合，所以对于之前的一些陈旧的想法与做法，企业应该及时摒弃，然后创新实践，让轻加盟理念实现更好的效果。

2. 分享经验。践行者通常会先于很多同行企业采取实质性的行动，因为动作优先，所见所闻会更加丰富，能够总结与积攒的经验也就越多。践行者自身的成功是一件骄傲的事情，如果再愿意分享自己的经验帮助他人实现成功，也是一件很有成就感的事情，同时也能够凸显自身价值。

3. 参与社会活动。任何企业都不可能独立于社会而生存，促进社会的发展与进步是每个企业都应该承担的责任与义务，轻加盟的践行者可以积极地参与一些社会活动，用自己的成绩来回报社会，为社会的发展与进步奉献一份力量。

（四）践行者需要做好充分准备

如果说良好的心态贯穿了轻加盟理念践行的全过程，那么事前的准备工作就是影响理念践行成果的基础，践行者要做好充分的准备，保证轻加盟理念的顺利落实。

首先，企业需要明确轻加盟理念落实的计划与目标，按照计划去实现目标，才不至于在实际工作中没有头绪。企业可以依照事先计划好的内容展开行动，提高实际的工作效率。

其次，企业需要分析轻加盟理念落实可能遇到的困难，要根据问题制订策略，找不到问题的根本就难以"对症下药"。企业如果能对未来可能会出现的问题进行预测式的应对，在面对实际问题的时候也不至于自乱阵脚，可以有效提高企业处理问题的效率。

再次，企业需要有面对困难、直面危机的勇气。企业很难保证事先的预测与后续遇到的问题一一对应，当面对没有准备、突如其来的问题时，企业不应该慌张，而是应该利用自己的经验沉着应对。针对这一问题，企业要调整心态，以冷静的态度践行理念，有策略用策略，没策略想策略。

最后，企业需要不断丰富经验、不断学习内容。对轻加盟理念的践行过程需要足够的时间与成本，一次性成功几乎不可能，企业只能在多次的尝试与实践中不断地发现问题、解决问题。自己的失败经验需要积累，外界的优良知识也是应该学习的内容，企业需要做的是不断汲取新知识、不断完善自身流程。

二、成功企业的做法

了解轻加盟理念落实不顺的企业案例是积攒经验，那么学习成功案例就是为了汲取技巧。云仓酒庄是落实轻加盟理念较早的一个企业，它一路的历程可以为其他企业提供不少有用的经验，我们可以深入了解一下它的实践历程。

（一）云仓酒庄的销售方式

云仓酒庄致力于将传统的业务转移到线上，参与加盟的经销商可以通过订单的形式让云仓酒庄的仓库直接安排发货，线下实体店只需要少量的展示产品即可，并不需要多大的仓库储存空间，甚至不需要设置仓库。与传统的加盟店功能不同，云仓酒庄的实体店不仅具备销售功能，还可以具备品鉴功能，实体店一方面是线下的销售门店，另一方面也是线上售货的中间媒介（如图9-3所示）。

图9-3 实体店的两大功能

1. 实体店销售功能。

成为云仓酒庄的加盟合作者，可以自主经营的加盟店铺，并从云仓总部进货，云仓总部会按照实体店的需要提供产品并将其运输至实体店处。到达加盟实体店的产品交由加盟经销商自行处理与安排，加盟商可以自由决定产品如何销售，是作为正品还是赠品销售全凭加盟商个人意愿，云仓总部不会进行干预与规定。加盟店以批发价格进货，可以减少进货的成本，之后将产品售卖给消费者，可以从消费者处赚取相应的利润。云仓酒庄为加盟店铺提供产品与运输服务，不收取店铺运输费用，以此获得加盟商好感，从而进一步加深两者之间的合作关系。由于不参与加盟商的销售决策，云仓总部在此期间赚取的只有产品批发售出后的利润收成，通常是以量填利，这个量不单指一次的产品售出，而是包含着与加盟商的多次合作。

2. 实体店品鉴功能。

在云仓酒庄的轻加盟模式之下，加盟实体店还可以兼顾品鉴的功能，即消费者到实体店品鉴产品，如果对产品有不错的体验感并愿意购买，便可以让实体店向云仓总部提交订单，云仓总部会根据订单信息向客户快速发货。当然，顾客在实体店没有确定购买意向的话，也可以在后续确定意向后直接在线上下单购买，云仓酒庄旨在为客户提供自由、方便的购买服务。成为云仓酒庄的加盟合作者，可以选择进少量的货，只需要线下展示少许产品吸引客户注意即可，更多的产品信息与详情都在线上可以看到，能够大大减少加盟者的投资成本。只要成为云仓酒庄的加盟者，无论多大数目的进货订单，都可以享受批发价，从而减少加盟者的仓储困扰。

（二）云仓酒庄的突出优势

云仓酒庄之所以能够被很多加盟商看到、被很多企业学习、被很多客户认可，是因为它有属于自己的突出优势，能够不断地散发吸引力。产品品牌化、选品市场化、服务后台化、培训专业化、客户满意化是云仓酒庄的突出优势，也是支持这个企业不断发展、不断进步的基础与动力。

1. 产品品牌化。

云仓酒庄一直在专心做自己的品牌，为投资者的加盟提供媒介。拥有品牌才可以被投资、被加盟，做属于企业自己的品牌。这能够带来诸多的好处，包括巩固企业的市场地位、延续产品的生命力、加深消费者的印象和抵制假冒伪劣产品的危害（如图9-4所示）。

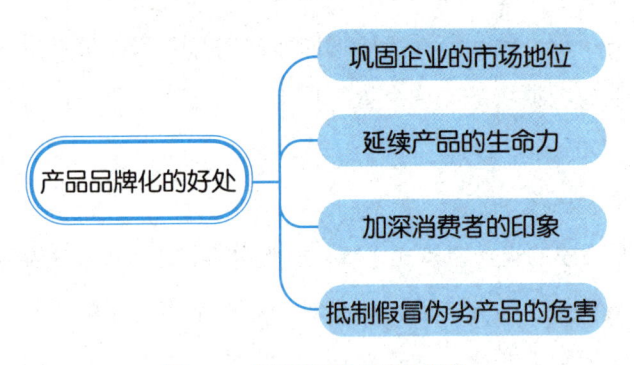

图9-4 产品品牌化的四个好处

（1）巩固企业的市场地位

同类型、同功能的产品有很多，在物欲能够轻易被满足的今天，企业想要只凭借产品的质量或者功能占据一席之地几乎不可能，建设品牌成为巩固企业市场地位的关键举动。

（2）延续产品的生命力

品牌不能独立于产品存在，而产品由企业产出和提供，建设品牌可以使产品的生命力得以延续，让产品的价值不再简单地停留在功能与服务之上，而是不断地扩大影响力，给实际的物体赋予情绪价值。

（3）加深消费者的印象

消费者对一个产品的肯定需要有"导体"，相似的产品有很多，必须有一个独属于企业产品的标志才能加深消费者的印象，而品牌便是独一无二的象征。企业拥有品牌才能让消费者记住，为消费者后续的购买意向与购买行为奠定基础。

（4）抵制假冒伪劣产品的危害

很多成功的产品都会被效仿与学习，能够成为其他企业学习的模板是一件积极正向的事情。但是也会有很多有不良心思的组织或团体存在，他们会借用企业的名声来欺骗消费者，生产出让很多人深恶痛绝的假冒伪劣产品。企业打造属于自己的品牌，针对假冒伪劣产品就可以拿起法律的武器来抵制与对抗，在维护消费者权益的同时，也能够保护企业在消费者心目中的良好形象。

2. 选品市场化。

云仓酒庄选择深入市场，了解不同阶段消费者的实际需求，根据消费者的需要生产产品，用事实与数据来说话，保证营销的产品能够符合大众的口味，而不是"遗世而独立"（如图9-5所示）。

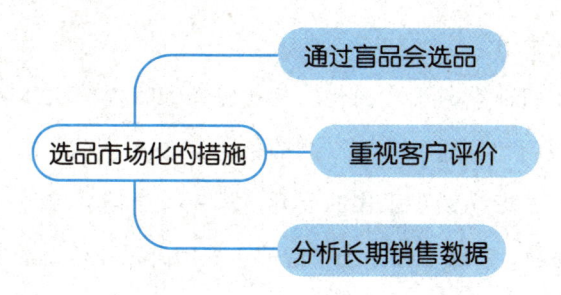

图 9-5 选品市场化的三项措施

（1）通过盲品会选品

盲品会是进行盲品的酒会，在宴会上会把酒产品的信息进行遮蔽和隐藏，让品尝者根据口感做出评价，保证最终结果的公平真实。现如今，很多消费者都追求品牌，也会被品牌在市场上的影响力和口碑而影响评价与认知。通过盲品会，云仓酒庄就可以准确地分辨出大众的口味偏好。

（2）重视客户评价

专家有专业的理论与经验，但是作为一个销售产品的商家，需要意识到真正使用产品的是消费者，所以很多时候客户评价比专家建议还有效。云仓酒庄十分重视客户的评价，会根据客户的意见反馈对自己的选品进行调整，对评价低的产品进行取缔或者减少投放量，将评价高的产品优化或增加投放量。

（3）分析长期销售数据

在各行各业中，数据都是可以说话的，什么产品受消费者喜欢、什么产品对消费者的吸引力大都可以在销售数据上体现出来。虽然说短期数据可能会受偶然情况影响，但是长期数据就可以体现消费者的真实需求和喜好。云仓酒庄会分析长期的销售数据，从中挖掘与发现受消费者追捧的产品类型。

3. 服务后台化。

云仓酒庄将前端的工作简化，企业监控与管理的实体店和经销商自己负责的加盟店都只需要负责产品的销售工作，并不需要花费精力在其他方面。伴随着产品销售工作的展开，难免有店铺会出现产品储存不当导致的质量问题、产品运输不当引起的丢失问题，在传统的加盟模式中，这些问题通常都需要店铺各自解决。而云仓酒庄认为解决产品相关问题都属于后台服务，前端的店铺不需要过多操心，云仓的仓库会负责产品的补发，既不耽误前端店铺的正常工作，也不影响消费者的好感度。

4. 培训专业化。

成为云仓酒庄的加盟合作者，无须担心因自身经验不足而影响店铺经营，因为企业会提供专业化的培训，所有的加盟店铺都是体系中的一部分，总部会将各地店铺成功的销售方法做成课件和案例来作为培训素材。接受企业专业化培训的加盟商可以根据自身需要进行筛选式的学习，自己需要什么就学习什么，企业提供模板培训的目的不是让加盟商简单地复制粘贴，而是鼓励经销商有想法、有主见地学习与积累。同时，因为云仓酒庄也支持实体店品鉴服务，店铺中如果有专业的品酒师也会成为吸引客户的一道风景线，所以企业也提供专业的品酒师培训，旨在全面地为加盟商提供帮助，成为加盟店成功的"背后助力"。

5. 客户满意化。

客户对企业、对产品的满意不应该只体现在口头评价上，而是应该体现在具体的行动中，客户满意的真正标志是复购率，愿意重复购买的次数才能直观地表现出客户的满意程度。想要提高客户的复购率，产品的质量与功能是基础，而核心是购买行为的性价比，用较低的价格购买同样的服务、用同样的价格购买更好的服务是高性价比的外在表现。在追求性价比这件事情上，云仓酒庄一直在践行并完善，它站在消费者的位置上考虑对方的需求，采用"赚得少可以卖得久"的策略，为消费者在价格上让利，得到了越来越多客户的青睐与认可。

（三）云仓酒庄的"不提倡"观念

云仓酒庄能吸引一批又一批有理想、有追求的投资者参与加盟，其中原因离不开它的"不提倡"观念，即不提倡囤货、不提倡投资、不提倡暴利，让一众加盟商介于赚小钱与赚大钱之间，徐徐图之，稳定地维持着店铺的生意与口碑（如图9-6所示）。

```
                          ┌── 不提倡囤货
        云仓酒庄的          │
        "不提倡"观念 ──────┼── 不提倡投资
                          │
                          └── 不提倡暴利
```

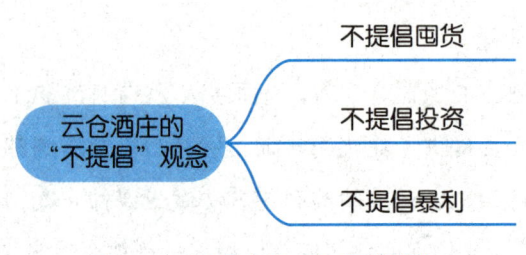

图 9-6　云仓酒庄的三个"不提倡"

1. 不提倡囤货。

加盟店只需要展示产品，不一定非要占用空间储存产品，对于想要销售的产品种类，加盟商可以选择少量产品用来展示。面对客户需求，加盟商可以向云仓总部下单，之后由云仓总部发货。对于加盟商自己售出的产品、获得的订单，不管是从店铺提货，还是由云仓总部发货，都视为店铺自己的订单，加盟商可以从中获得相应的利润。

【案例】

某温泉中心推出消费送红酒的营销活动，只要消费者到店消费和接受服务，就可以获得店铺前台陈列的同款雷盛红酒。

作为云仓酒庄的加盟合作者，温泉中心陈列的红酒是提高客户满意度的一个因素。如果消费者品尝所赠红酒后有购买欲望，就可以在前台处下单，数量较小时由温泉中心直接提供产品，数量较大时客户在下单后虽然不能第一时间拿到产品，但是可以享受云仓总部提供的送货上门服务。

温泉中心具备卖酒的资质和能力，所以可以在店铺内售卖红酒，店铺经营者不需要担心库存不足的情况，只要生成订单，云仓会快速安排发货，在满足客户需求的同时，也不耽误温泉中心的正常经营。

2. 不提倡投资。

云仓酒庄的加盟合作者不是必须有自己的店铺的，企业强调能不投资就不投资，能不花钱就不花钱，旨在让加盟商用最少的成本来赚钱。有加盟意向的投资者可以先找个适合的地方摆上从酒庄进购的酒，先试试售出的效果如何，没有必要一上来就投入太多资金。云仓酒庄希望每个加盟合作者都能够赚钱，能够成功，它的追求不只是自己挣钱，而是想要和加盟经销商一起获取利润，所以企业并不提倡盲目投资。

3. 不提倡暴利。

云仓酒庄不在乎单个订单的净利润是多少，而是重视消费者的体验感。企业不提倡暴利经营，认为赚得少才可以卖得久，消费者的复购率才是重要的目标。云仓总部认为暴利不是企业长久发展的正确之选，同时也将这样的认知传达给每一位加盟商，提倡每个店铺都追求复购率，通过降低每一单的利润来使消费者满意，促进店铺的长久发展与运营。

第二节　轻加盟推动新零售

新零售将线上与线下模式相结合，使得新物流模式逐步代替仓库储存，让实体店铺减少囤货量，这与轻加盟的不提倡囤货、不提倡投资的理念不谋而合。轻加盟与新零售模式的适配性还体现在轻加盟主张的在顾客视角下过程透明，这能够拉近新零售模式与顾客的距离，可以持续提高消费者满意度。现如今，顾客的意识已经觉醒，不再单纯地认可与相信商家的言辞，新零售模式如果还想按照原有的形式发展，势必会引起消费者的不满，因此可以尝试引入轻加盟的理念。

一、新零售模式是时代所趋

随着科技与经济的不断发展，电子商务平台逐渐淡出视野，促使很多企业将线上商务与物流结合在一起，也就逐步形成了新零售模式。所谓的电子商务平台消失，不是不再享受电商平台带来的便利，而是指很多企业都拥有自己的电商平台，不再参与专门的电子商务平台。现如今，线下模式受到线上模式的冲击，线上模式受到物流情况的制约，如果将三者分开来考虑与分析，会出现诸多显而易见的问题。基于这样的现状，新零售模式将三者结合，几乎成为一个最优解（如图9-7所示）。

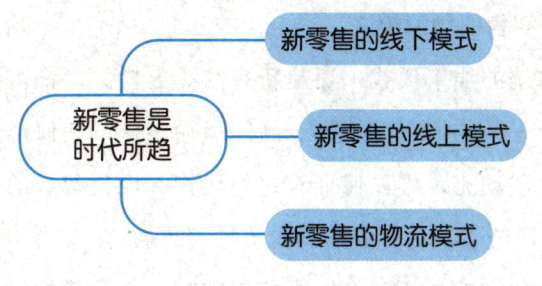

图 9-7　新零售的三个模式

（一）新零售的线下模式

线下模式，是指实体店营销模式，是新零售模式的基础平台，能够有效地优化消费者的实际体验，店铺可以将提升消费者购买体验作为目标展开行动。在线上模式的猛烈冲击下，很多线下门店生意惨淡，但是为什么线上模式无法完全取代线下模式呢？因为线上模式的直接体验感永远无法超越线下模式。对消费者而言，线下的消费体验远比线上来得自然与生动，新零售模式产生的意义是更好地服务于消费者，这就要遵循客户需求而保留线下模式的良好体验感。新零售模式对现有的线下模式进行改造，让消费者能同时享受线上的便利感与线下的真实感，这势必会提升线下模式的价值。

（二）新零售的线上模式

线上模式对很多消费者来说并不陌生，日常生活中的网购就是典型的线上模式，然而在新零售模式中，线上模式需要兼顾的任务与功能更加全面。信息收录、需求获取、货款支付、意见反馈等属于线上模式的任务，是实现新零售模式智能化的关键环节，承担着优化交易过程的责任。新零售模式深入贯彻的主要目标之一就是让顾客不受时间、不受空间的限制，无论在任何渠道购买产品都可以享受相同的价格，都可以拥有良好的体验，这些都依赖于企业对线上模式的不断完善。

（三）新零售的物流模式

无论是传统的线下模式，还是新兴的线上模式，都需要一个不可或缺的组成部分——物流。做不好产品的运输工作，任何形式的店铺都会失去后续的发展动力，难以保证稳定的运营。以消费者的视角思考，物流的质量直接影响着消费者的购买体验与复购意向；以企业的视角思考，物流能够带来稳定的货源，可以维持店铺对产品数量的需求。新零售模式中的物流发挥着更加重要的作用，因为单体店铺中仓库作用的弱化，物流功能就显得更加关键，无论是线下店铺还是线上店铺，都需要物流功能来提供货源。只有功能齐全的物流的加持，才可以使新零售模式的各个环节实现完全衔接，所以说物流在新零售模式中承担着至关重要的作用。

二、轻加盟是新零售的推动者

在互联网快速发展、顾客意识觉醒、信息透明度高的情况下，顾客掌握产品信息的能力发生变化，新零售模式想要依靠信息差来创造优势几乎不可能，企业还不如更加实在地面对客户。零售没有规则，新零售所谓的"新"，必须与趋势、时代和环境相匹配，轻加盟是顺应趋势、适应时代、适配环境的一种理念，企业如果运用得当，便可以让轻加盟理念成为新零售模式的助力（如图 9-8 所示）。

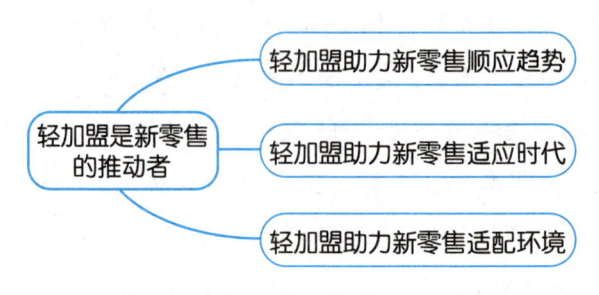

图 9-8 轻加盟对新零售的三方面助力

（一）轻加盟助力新零售顺应趋势

轻加盟提供线上下单、总部发货的服务，这项服务主要依托于互联网的便捷。而新零售之所以能够迅速发展，其中一个重要的原因就是顺应互联网发展的趋势，互联网的存在连接了轻加盟与新零售之间的关系，使得轻加盟对新零售的助力作用更加明显。

（二）轻加盟助力新零售适应时代

处于信息化时代，轻加盟十分重视信息的传递与沟通，而新零售模式也离不开信息的传递。在新零售模式中引入轻加盟理念，可以助力新零售更好地适应信息化时代，在落实轻加盟理念的同时获得更好的发展。

（三）轻加盟助力新零售适配环境

市场环境竞争激烈，轻加盟理念在竞争之中产生，是与竞争激烈的环境非常适配的一种理念，新零售模式也处于竞争激烈的环境之中。结合轻加盟理念可以更快地适应环境，使得新零售模式获得更好的发展与落实。

第三节　基业长青实践者

消费者的认可是企业、品牌与产品能否长久发展的关键，是企业基业长青的关注点，轻加盟可以唤醒企业对消费者评价的重视，消费者愿意买单至关重要。基业长青的核心是有与企业相匹配并认可企业的客户群体，企业能够长久发展依靠的是客户源源不断的支持。能够获得消费者的高评价，能够让消费者产生较高的复购率，企业才可以实现长远发展。轻加盟理念重视消费者的评价，把评价权交由消费者，消费者会结合自身真实感受进行评价，企业可以运用性价比获取消费者认可，同时也能够实现复购率的提高。

一、复购率是重要指标和衡量标准

企业的产品销售情况乐不乐观，发展前景好不好，都受到复购率的直接影响，因为企业的发展离不开消费者的认可与支持，而消费者对产品的满意程度会体现在复购率上，所以说复购率是企业的重要指标和衡量标准。

（一）什么是复购率

复购率的全称是重复购买率，其含义是一个客户在一个店铺重复购买一个产品后，由店铺计算出来的比例数据。复购率越高，说明消费对产品的忠诚度与满意度越高,相反,如果复购率偏低,就代表店铺的产品或者服务没有获得消费者的认可,此时就需要及时地完善与调整。

(二)提高复购率的好处

消费者对产品的复购率是店铺可以掌握的真实数据,企业可以从已有的数据中判断出哪些产品更受欢迎,以及店铺经营过程中哪些地方存在问题。提高消费者复购率,可以增加店铺稳定性、提高店铺口碑、增加产品销量和提高店铺利润(如图9-9所示)。

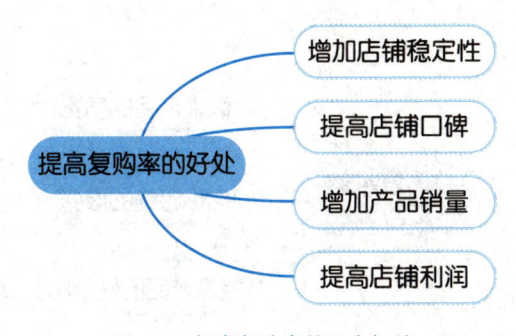

图9-9 提高复购率的四个好处

1. 增加店铺稳定性。提高复购率需要将维持老客户关系的工作落实下去,老客户的支持是店铺稳定发展的重要影响因素,增加老客户的复购次数,就相当于增加了店铺的生存稳定性。

2. 提高店铺口碑。想要提高复购率就需要获得消费者的高度评价,伴随着复购率的不断提高,消费者的认可度也会越来越高,很多消费者也愿意将店铺介绍和推荐给别人,从而能够逐渐提高店铺的口碑。

3. 增加产品销量。一件产品的复购率越高,往往代表着销量越高,当多个客户的复购次数都在增加时,店铺的整体销量就会明显提高,所以说提高复购率能够增加店铺产品的总销量。

4. 提高店铺利润。随着复购率的提高，店铺总销量会不断增加，与此同时，产品销量的累积也就代表着店铺的利润增加，企业可以选择将店铺的利润分出一部分来为复购率提高做准备，从而形成一个不断运行的良性循环。

（三）复购率是重要指标

复购率越高，能够为企业带来的好处就越明显，所以提高复购率成为一个企业不断追求的重要指标。而想要提高复购率，企业就需要保证产品的质量、优化店铺的服务和提高产品的性价比（如图9-10所示）。

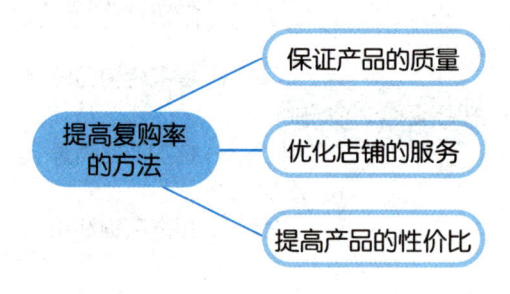

图9-10 提高复购率的三个方法

1. 保证产品的质量。想要让客户再次购买店铺的产品，企业首先需要做的就是保证产品的质量能够让客户满意。另外，一成不变的产品构成容易让消费者产生厌倦心理，所以企业还需要更新产品，提高客户对产品的好奇程度，加深客户对产品的印象。

2. 优化店铺的服务。企业需要做好售前、售中和售后服务，售前服务可以吸引客户注意，售中服务能够促进交易达成，而售后服务能够提高复购率。面对客户的需求，店铺需要提供完善的服务，使客户体会到店铺的真诚，让客户不仅对产品满意，也要对服务予以好评。

3. 提高产品的性价比。物美价廉是产品吸引客户的最大特点，当产品的性价比得到客户认可时，店铺的复购率便不成问题，所以企业需要提高产品的性价比，让消费者感受到店铺的诚意。

（四）复购率是衡量标准

为什么说复购率是一个企业的衡量标准？又是企业衡量什么的标准呢？它是企业衡量店铺经营现状的标准，企业可以从每个加盟店的复购率中了解到店铺的经营状态。针对复购率低的店铺，企业可以提供店铺所需的帮助，比如帮店铺分析与明确复购率低的原因，使店铺能够渡过难关，步入发展的正轨；而对于复购率高的店铺，企业可以从中总结有用的经验，将有用的信息与内容整理成培训活动的案例模板，帮助更多的店铺走向成功。

二、消费者认可的关键作用

消费者的认可是产品销量的关键因素，得不到消费者的认可，就没有办法让消费者产生购买意向，没有购买行为就不会有销量，就更不要提什么复购率了。消费者的认可能够增加品牌的竞争力、稳定店铺的利润来源、体现消费者的实际需求（如图9-11所示）。

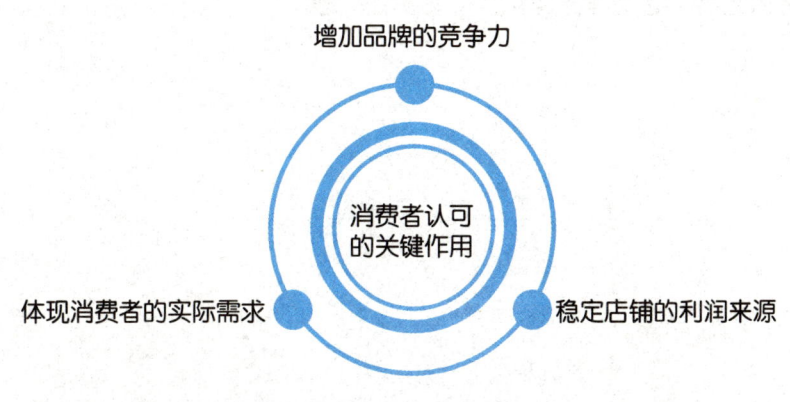

图9-11　消费者认可的三个关键作用

（一）增加品牌的竞争力

企业建设品牌的目的主要是加深消费者对产品的印象。如果没有消费者的认可，品牌建设的作用就不复存在，所以企业必须以消费者为中心。得不到消费者认可的品牌，竞争力十分薄弱。品牌的价值不是体现在产品之上，而是表现在消费者的评价中，获得消费者的高度认可能够增加品牌的竞争力。

（二）稳定店铺的利润来源

消费者对产品的认可直接影响消费者的购买行为。现如今，消费者不再只会被产品的外显功能所吸引，而是更加倾向于产品的附加价值。店铺获得消费者的认可后，店铺内产品的复购率会逐渐提高，使得店铺的老客户数量增加，从而能够稳定店铺的利润来源，让企业在竞争中存活下去。

（三）体现消费者的实际需求

消费者认可什么，就代表他需要什么，所以消费者的认可可以直观地体现出自身的实际需求。企业如果能够掌握消费者的实际需求，就可以针对性地提供产品和服务，从而能够提高消费者的满意度，拉近与消费者的距离，这是维持良好客户关系的关键。

后　记

轻加盟，是一次成功的尝试

　　随着新零售模式的普及，传统的加盟模式体现出越来越多的不足之处。为了适应新零售模式的发展节奏，很多企业开始探寻其他加盟模式，轻加盟便逐渐出现在大众视野之中。轻加盟是一个比较新颖的理念，但是并不是全新的概念，其实在近几年来，尝试应用轻加盟理念的企业也有不少，只能说现在这个理念的关注度在逐渐变高。

　　就现如今的市场及经济变化来看，轻加盟对很多企业来说是一次成功的尝试，既可以适应新零售模式的节奏，又是一个将企业、加盟商和消费者利益都照顾到的经营策略。企业渴望稳定进步与发展，加盟店期望持续运营与盈利，消费者希望购买到高性价比的产品，轻加盟理念可以同时满足三者的需求，因此，被认为是一个成功的理念。

　　第一，轻加盟模式促进企业进步与发展。应用轻加盟理念，企业可以通过较低的加盟门槛吸引到更多经销商的注意，促使有意向的投资者成为加盟合作者，加盟店数量的增加可以促进企业的发展。轻加盟理念提倡为消费者让利，使得消费者对企业的好感度增加，让客户自愿成为企业的稳定客源，企业因此能够实现基业长青。

第二，轻加盟模式促进加盟商运营与盈利。受轻加盟模式优势的吸引，很多投资者参与了加盟。轻管理为加盟商提供自由发挥、自由经营的空间，让加盟工作更加灵活；轻投资为加盟商创造更多机会，同时也降低了店铺经营的风险，减轻了加盟商的压力；轻品牌为加盟商节省宣传资金与精力，企业总部负责建设与宣传品牌的相关工作，为加盟商提供加盟媒介的同时减轻了对方的工作量。

第三，轻加盟模式促进消费者享受高性价比。不同于传统加盟模式只关注企业与加盟店的利益，轻加盟模式还将消费者的利益考虑在内，认为消费者的满意度是关键。企业总部与加盟店贯彻"赚得少可以卖得久"的理念，在保证产品质量与功能符合消费者需求的条件下，在价格上为消费者让利，让其感受到较高的性价比，使得消费者心甘情愿地成为产品的拥护者和推广者。

云仓酒庄对轻加盟理念的贯彻有深刻的理解，本书也列举了不少该企业的实际案例，起到了案例教学的作用，旨在降低生涩理论的理解难度。

轻加盟理念的发展与应用任重而道远，尽管该模式在现如今已经逐渐趋向于成熟，但是仍然有很大的完善与进步的空间。轻加盟是顺应时代、适应趋势的理念，很多企业都认为这是一次成功的尝试，本书结合理论与实际案例，较为详细地介绍和讲解了轻加盟理念，希望能够帮助读者更加深入地了解轻加盟理念的优势与作用。